Oldenbourg Interpretation
Band 15

Oldenbourg Interpretationen
Herausgegeben von
Klaus-Michael Bogdal und Clemens Kammler

begründet von
Rupert Hirschenauer (†) und Albrecht Weber

Band 15

Gedichte des Expressionismus

Interpretationen von Reinhard Meurer

Oldenbourg

Seitenangaben ohne expliziten Hinweis auf eine Ausgabe beziehen sich auf die im Literaturverzeichnis aufgeführten Werkausgaben.

CIP-Titelaufnahme der Deutschen Bibliothek

Meurer, Reinhard:
Gedichte des Expressionismus: Interpretationen/von Reinhard Meurer. –
1. Aufl. – München: Oldenbourg, 1988
(Oldenbourg Interpretationen; Bd. 15)
ISBN 978-3-637-88609-4

Das Papier ist aus chlorfrei gebleichtem Zellstoff hergestellt, ist säurefrei und recyclingfähig.

1. Auflage 1988
Unveränderter Nachdruck 15 14 13 12 11
Die letzte Zahl bezeichnet das Jahr des Drucks.

Umschlagkonzept: Mendell & Oberer, München
Umschlag: Stefanie Bruttel
Umschlagbild: © IFA-Bilderteam, Ottobrunn/München; Fotografin: Birgit Koch
Lektorat: Ruth Bornefeld
Herstellung: Susanne Büttner
Druck und Bindung: Himmer AG, Augsburg

ISBN: 978-3-637-88609-4

Inhalt

1
Zu Zielsetzung und Anlage

In diesem Bändchen werden zehn Gedichte von fünf Autoren interpretiert, die man gemeinhin dem Expressionismus zuzählt: Gottfried Benn, Georg Heym, Else Lasker-Schüler, Ernst Wilhelm Lotz, Ernst Stadler und Georg Trakl. Intention der Untersuchungen ist es, Grundzüge expressionistischer Lyrik an repräsentativen Beispielen sichtbar zu machen, ohne jedoch die Dichtungen zu Dokumenten einer geistesgeschichtlichen Epoche zu degradieren. Vielmehr soll auf dem Hintergrund der epochalen Verwandtschaft die individuelle Besonderheit der einzelnen Gedichte um so deutlicher hervortreten. Insofern versteht sich diese Arbeit weniger als eine Hinführung zu literaturhistorischer Betrachtungsweise, sondern eher als Beitrag zu einer besonders in der jetzigen didaktischen Situation notwendigen interpretatorischen Leselehre.

Bekanntlich dominiert – im Gefolge der Rezeptionsästhetik – seit den siebziger Jahren die Vorstellung vom dichterischen Text als einer Art Partitur, deren eigentliche Realisierung („Sinnkonstitution") erst im Leseakt stattfinde. Diese im Prinzip durchaus akzeptable Modellvorstellung läßt allerdings leicht vergessen, daß einmal im Autor eine Ur-Sinnkonstitution stattgefunden hat. Schüler, die auf vordergründige Weise mit dem Rezeptionsansatz vertraut gemacht werden, leiten daraus allzugern eine Lizenz zu flüchtigem Lesen, ungenauem Hinsehen und unreflektierter Ich-Projektion ab. Dagegen wäre auch noch nicht allzuviel einzuwenden, wenn nicht diese Art des Umgangs mit dichterischen Texten als die Methode der Interpretation schlechthin mißverstanden würde.

Ich möchte dem naiven Leser durchaus nicht das Recht bestreiten, Werkpartituren in seinem (ihm möglichen und zuträglichen) Sinne zu aktualisieren. Ich würde diese Lesemethode sogar als die verbreitetste und quasi natürlichste bezeichnen. Viele Autoren begrüßen es, wenn Leser ihre Werke auf subjektive Weise adaptieren oder gar umdeuten, umdichten oder daran weiterdichten. Das mag mit dem Wirkungswillen, vielleicht aber auch mit dem Selbstschutzbedürfnis der Autoren zusammenhängen.

Dennoch bleibt ein legitimes Erkenntnisinteresse bestehen, dem es nicht darum geht, Selbstprojektion zu betreiben, sondern eine Leseart des Textes zu (re-)konstruieren, die den Erlebnis- und Vorstellungshorizont des Autors mit einbezieht. Annäherungsversuche in diesem Sinne nenne ich Interpretation im Unterschied zur tendentiell projektiven Rezeption. Selbstverständlich kann auch diese auf Intersubjektivität ausgerichtete Leseweise nicht „die" objektive Deutung erbringen. Sie durchbricht den hermeneutischen Zirkel nicht, versucht jedoch subjektive Kurzschlüsse im Stromkreis der Hermeneutik zu vermeiden.

Der naive Rezipient bettet den Text gewissermaßen in seine persönliche Vorstellungswelt ein. Der Interpret versucht

a) die verschiedenen Strukturebenen und Strukturelemente des Texts aufeinander zu beziehen,
b) sinngebende textexterne Faktoren zu berücksichtigen.
   Diese können liegen in
   - historischen Bezügen
   - Bezügen zur kulturellen Tradition (z. B. Religion, Ideologie, poetologische Doktrin usw.)
   - biographisch-genetischen Bezügen.

Die Gedichtreihe ist so angelegt, daß alle Werke einem sehr engen historischen Segment (der Zeit von 1910–1913) entstammen. Ihre Vergleichbarkeit wird dadurch erhöht, daß die Gedichte nach epochentypischen Motiven gruppiert sind. Es wurden zum Teil Gedichte ausgewählt, die seit je als besonders repräsentativ für den Zeitgeist gelten und darum in keiner Expressionismus-Anthologie fehlen (z. B. Benn: *D-Zug;* Stadler: *Fahrt über die Kölner Rheinbrücke)*, andererseits aber auch weniger oft abgedruckte Gedichte, die der communis opinio von „Expressionismus" nicht in allem entsprechen. Sie lassen etwas von der enormen Spannweite im poetischen Schaffen der großen expressionistischen Dichter wie Heym und Trakl erahnen. Damit soll dem verengten Klischeebild eines lyrischen Einheitsexpressionismus entgegengewirkt werden, das durch gewisse Anthologie-Traditionen zu entstehen droht.

2
Expressionismus als Epochenbegriff

Der erste Beleg für „expressionisme" findet sich im Katalog einer Pariser Kunstausstellung des Malers Hervé im Jahre 1901. Er versteht sich dort als Gegenbegriff zu „impressionisme". Ab 1911 wird der Begriff in eingedeutschter Form z. B. von W. Worringer auf die Malerei von Cezanne, van Gogh, sowie auch die französischen „Fauves" angewendet. Kurt Hiller überträgt ihn auf die literarische Avantgarde der „Jüngst-Berliner", die in dem eben von Hiller gegründeten „Neuen Club" (1909) bzw. in dem daraus hervorgehenden „Neopathetischen Cabaret" ihren Sammelpunkt gefunden hatte (z. B. van Hoddis, Lichtenstein, Blass, Heym).

In der Tat lag es sehr nahe, die neue Kunstrichtung in der Literatur mit der Malerei auch der in Deutschland entstehenden Künstlergruppen wie der Dresdner „Brücke" (1905) und des Münchner „Blauen Reiters" (1912) und verschiedener noch vor dem Ersten Weltkrieg gegründeter regionaler Sezessionen in Verbindung zu bringen. Die Parallelen in der Farb- und Formgebung, ja sogar der Motivik von Malerei und Lyrik sind nicht zu übersehen, wurden auch von den Künstlern selbst früh konstatiert. So liest man in einem Brief, den Georg Heym am 2.9.1910 an einen Freund richtet: „... Ich finde, daß dieser (gemeint ist van Gogh) mir noch adäquater ist wie Hodler. Denn er sieht alle Farben so, wie ich sie sehe. Ich habe beim Lesen mir so und so oft gesagt: Donnerwetter, genau so würdest du ein Gedicht machen: Die Matrosen vor der Sonnenscheibe. Die lila Kähne. Der Sämann in einem unendlichen Feld etc."[1] Karl Ludwig Schneider hat in seiner Abhandlung „Expressionismus in Dichtung und Malerei" von 1963 (erweitert u. abgedruckt in: Zerbrochene Formen. Wiss. Buchgesellschaft Darmstadt 1967) eine Fülle ähnlicher Übereinstimmungen auch zwischen anderen Malern und Lyrikern untersucht und überzeugend dargetan, daß meist spontane Übereinstimmung, zum Teil aber auch wechselseitige Beeinflussung in der Programmatik und der Verwendung bestimmter Motive und Farben vorliegt. Ein für den Expressionismus besonders charakteristisches Phänomen stellen die vielen Doppelbegabungen der dichtenden Maler und malenden Dichter dar. In erster Linie seien hier Barlach, Kokoschka, Meidner, Kandinsky und Arp genannt. Aber auch ein Max Ernst hat expressionistische bzw. surreale Texte geschrieben. Von Trakl existiert ein erschrekkend-eindrucksvolles Selbstbildnis.

Wie die bildenden Künstler tendierten auch die expressionistischen Dichter zur Bildung von Zirkeln und Gruppierungen. Neue literarische Zeitschriften bildeten ihr Sprachrohr. Die wichtigsten dieser Wochen- oder Monatsschriften erschienen in Berlin, so „Der Sturm" (hrsg. von Herwarth Walden 1910–1932) und „Die Aktion" (hrsg. v. Franz Pfemfert 1911–1932).

Aber auch in München, Dresden, Heidelberg und in anderen deutschen Städten wurden ähnliche Zeitschriften herausgegeben, allerdings vorwiegend „Eintagsfliegen", die nur im Ausnahmefall den zweiten Jahrgang überlebten.

An österreichischen Blättern sind vor allem „Die Fackel" (hrsg. v. Karl Kraus, Wien 1899–1936) und „Der Brenner" (hrsg. v. Ludwig von Ficker, Innsbruck 1910–1954) zu nennen. Mit welch explosiver Schnelligkeit vor allem die Lyrik des Expressionismus aufblühte und sich verbreitete, mag man an der Tatsache ablesen, daß zwischen 1913 und 1924 mindestens 20 Anthologien expressionistischer Lyrik herauskamen, darunter die berühmte „Menschheitsdämmerung" (hrsg. v. Kurt Pinthus, Berlin 1919), welche allein in den ersten zwei Jahren einen Absatz von 20 000 Exemplaren fand. Diese Sammlung, die bis heute weitgehend das Bild bestimmt, das sich ein breiteres literarisches Publikum von expressionistischer Lyrik macht, umfaßt 23 Autoren: Johannes R. Becher (1891–1958), Gottfried Benn (1886–1956), Theodor Däubler (1876–1934), Albert Ehrenstein (1886–1950), Iwan Goll (1891–1950), Walter Hasenclever (1890–1940), Georg Heym (1887–1912), Kurt Heynicke (1891 geb.), Jakob van Hoddis (1887–1942), Wilhelm Klemm (1881–1968), Else Lasker-Schüler (1869–1945), Rudolf Leonhard (1889–1953), Alfred Lichtenstein (1889–1914), Ernst Wilhelm Lotz (1890–1914), Karl Otten (1889–1963), Ludwig Rubiner (1881–1920), René Schickele (1883–1940), Ernst Stadler (1883–1914), August Stramm (1874–1915), Georg Trakl (1887–1914), Franz Werfel (1890–1945), Alfred Wolfenstein (1888–1945), Paul Zech (1881–1946).

Daß Werke eben dieser Dichter auch noch den beherrschenden Platz in einer Expressionismus-Anthologie von 1966 (Gedichte des Expressionismus, Reclam 1966) einnehmen, beweist eine beachtliche Konstanz der communis opinio vom Wesen expressionistischer Dichtung. Gewiß, die Namensliste hat sich mehr als verdoppelt, aber nur weil an sich unbedeutende Randfiguren mit je ein oder zwei Gedichten sowie Wegbereiter wie Arno Holz und Alfred Mombert, Nachzügler wie Georg Britting und Bert Brecht sowie der Dadaismus als Sonderzweig der Entwicklung aufgenommen worden sind. Im übrigen kann die Zuordnung von Brecht und Britting zum Expressionismus nur für ihre früheste Dichtung – und auch hier nur bedingt – gelten.

Gerade beim Vergleich späterer Anthologien wird man auf das Periodisierungsproblem gestoßen: Allgemeiner Konsens herrscht darüber, daß der Expressionismus in der deutschen Lyrik im Jahre 1910 gewissermaßen „ausgebrochen" ist und 1911/12 in einer Reihe von Gedichtsammlungen das Licht der literarischen Öffentlichkeit erblickt hat. Aber wann und wie endet der Expressionismus? Lassen sich einzelne Phasen unterscheiden? – In Frenzel: Daten deutscher Dichtung[2] werden als Grenzdaten 1910 und 1925 angesetzt. Als Höhepunkt allerdings wird schon gleich der Anfang des zweiten Jahrzehnts angesehen. Als gemeinsamen Nenner für den Frühexpressionismus der Jahre bis 1914 betrachtet Frenzel das Leiden an „Verlogenheit, Sinnlosigkeit und dem Chaos des modernen Lebens" (a.a.O., 372): „Sein Weltgefühl wird bestimmt von der Entfesselung des Individuums, der Disharmonie und Anarchie in der Welt und im menschlichen Gefühlsleben, der Vertrautheit mit dem Tode." (a.a.O., 372). Das Erlebnis des Ersten Weltkriegs bringt – nach Frenzel – eine Wende: Weltverbesserungstendenzen, Pazifismus, soziales und politisches Engagement rücken in den Vordergrund. Enttäuschung und Ernüchterung führen zum Ende der Bewegung: „Um die Mitte der zwanziger Jahre hatte sich die Ekstatik des Expressionismus verbraucht, der Glaube an einen neuen Menschen erlosch, man suchte die Abstraktionen erneut einer Realität anzunähern, das Pathos der Sprache kühlte sich zu betonter Nüchternheit und Distanzierung ab." (Frenzel: a.a.O., 395)

Vergleicht man ansonsten recht verschiedenartige Literaturgeschichten der sechziger bis achtziger Jahre, so findet man immer wieder die Auffassung, daß die Gemeinsamkeit des Anfangs in einer umfassenden Ablehnung des Alten bestand – sei es im Bereich von Gesellschaft und Politik, Weltanschauung oder Kunstanschauung. Wie bei Frenzel wird allgemein der Krieg als Ursache für eine Hinwendung zur Ethik, zum engagierten Pazifismus angesehen. Die Entwicklung in der ersten Hälfte der zwanziger Jahre wertet man übereinstimmend als Verfall der Bewegung. Dabei werden scharfe chronologische Abgrenzungen vermieden – verständlicherweise, wie sollte man innerhalb des Gesamtwerks etwa von Benn, Werfel, Becher und vieler anderer derartige Grenzmarkierungen anbringen, die sich zudem noch zeitlich dekken müßten?

Das Abebben des Expressionismus wird verschieden erklärt, doch werden die wesentlichen Faktoren fast immer im Bezug zu gesellschaftlich-politischen Entwicklungen gesehen:

> Hoffmann-Rösch: „In keinem Abschnitt der deutschen Literatur- und Kulturgeschichte haben die politischen Gegensätze so heftig die Dichtung in den Wirbel des Meinungskampfes gerissen wie zwischen den beiden Weltkriegen ... Nach 1923, d.h. nach der Niederwerfung der politisch revolutionären Aktionen brachte das Ende der Inflation eine vorübergehende Konsolidierung. Der Expressionismus schien abgeklungen, die Neue Sachlichkeit einzusetzen."[3]

> V. Zmegac: „In Literatur und bildender Kunst hatte der Expressionismus rasch seinen ursprünglichen Schwung eingebüßt. Die idealistische Begeisterung für die Überzeugung, daß der Geist der Welt eine neue Gestalt geben könne, zerschellte an der Enttäuschung, die die Zeitgenossen, die Zeugen der Kriegs- und Nachkriegsereignisse, ergriff."[4]

> W. Beutin u.a.: „So verfiel denn auch Anfang der 20er Jahre der Expressionismus als einheitliche literarische Bewegung recht schnell. Die Heterogenität der Ansätze und Perspektiven war tragfähig, solange der Protest sich auf die gemeinsame Gegnerschaft gegen die imperialistischen Verhältnisse im Wilhelminischen Deutschland konzentrieren konnte; er war hinfällig in dem Moment, als die parlamentarische Republik per Verfassungsnorm die Freiheit von Kunst und Literatur und damit die individuelle der Schriftsteller zu garantieren schien."[5]

Kurt Pinthus schreibt 1922 schon ein Nachwort zur „Menschheitsdämmerung", das angesichts der Tatsache, daß expressionistische Lyrik beim literarischen Publikum en vogue ist, erstaunlich hellsichtig-pessimistisch klingt:

„Wer, abstreifend den revolutionären Furor, offenäugig in die Gegenwart blickt, weiß, daß diese Jahre bedeutsamer sind im Zusammenbruch des Alten als im Erwachen des Neuen, gleichviel ob wir von den Geschehnissen im Politischen, im Gemeinschaftsleben, im Wirtschaftlichen oder in der Kunst sprechen. Freilich: Es geschieht viel ..., aber was geschieht, sind nur die Auflösungsvorgänge der langsam, aber unaufhaltsam zusammenstürzenden Vergangenheit Europas. Was uns als neu und verwirrend gilt, sind stets nur die konzentriert und übersteigert sich zu Tode hastenden Elemente des Alten. Die Fundamente der wirklichen Zukunft sind noch nicht ersichtlich.
Das gilt auch im Bezirk der Kunst. Was hier so neuartig und trächtig schien, waren im wesentlichen Zerstörungsformen des Alten, vom gestaltauflösenden Kubismus der Malerei bis zur ekstatischen Ein-Wort-Lyrik. Mochten die Künstler selbst fühlen, daß ihr Werk mehr oppositionell als schöpferisch war, oder geschah es, daß ihre Kraft nicht ausreichte, Reifes, Zukunftswertiges zu schaffen – es ist bereits zehn Jahre nach dem gewaltigen und gewaltsamen Aufbruch dieser Jugend eine allgemeine Stagnation in den Gefilden der Kunst festzustellen.
Von den dreiundzwanzig Dichtern dieses Buches sind sieben nicht mehr unter den Lebenden. Die anderen haben in den letzten Jahren entweder überhaupt nichts Wesentliches mehr geschaffen, oder jedenfalls nichts, was über das bisher Geleistete als neu oder qualitativ besser emporragt. Sie wiederholen sich oder tasten qualvoll weiter. Selbst wenn man, nüchtern-sachlich gesprochen, die unheilvollen Zustände in Betracht zieht, die dem Dichter und dem Verleger die Produktion unendlich erschweren, muß man den Mut haben, zu sagen, daß die junge Dichtung unserer Zeit fruchtlos und unfruchtbar zu werden droht.
Was von der kleinen Schar dieses Buches zu sagen ist, das gilt in verstärktem Maße von der großen Menge der mitlebenden Dichter. Viele sind gestorben ..., viele sind im bürgerlichen Leben verschollen, aufgesaugt vom praktischen Beruf oder skeptischen Müßiggang ..., und die Unzahl der anderen begnügt sich damit – bald blasser, bald überreizter –, das zum tausendsten Male zu stöhnen, zu stammeln, zu schreien, was die Führenden bereits im zweiten Jahrzehnt dieses Jahrhunderts in ihren Büchern niedergelegt haben. Schon muß ich mit Bewußtsein feierlich sagen „niedergelegt haben“, denn schneller als jede andere Generation ist diese in die Literaturgeschichte eingegangen, ist historisch geworden; zum Paradigma, zum Schema sind für die Nachfolgenden ihre Gedichte erstarrt.
(...)
Alles aber ist Zeugnis für die Glut einer inneren und äußeren Bewegung, die fast gänzlich wieder erloschen ist. Die Glut dieser Genera-

tion hatte sich aus Opposition gegen das Gewesene, Verwesende entzündet und konnte für Augenblicke in die Zukunft leuchten, aber nicht die Menschheit zur großen Tat oder zum großen Gefühl entflammen."[6]

Aus dem zeitlichen Abstand von vier Dezennien charakterisiert Gottfried Benn 1955 den Expressionismus als epochale „Bewegung":

„Es war damals noch nicht die Zeit zu wissen, was jetzt in das allgemeine Bewußtsein dringt, daß die Kunst eine spezialistische Seite hat, daß diese spezialistische Seite in gewissen kritischen Zeiten ganz besonders in Erscheinung treten muß, und daß der Weg der Kunst zum Volk nicht immer der direkte einer unmittelbaren Aufnahme der Vision von der Allgemeinheit sein kann. Was meine Sparte angeht: Von Goethe bis George und Hofmannsthal hatte die deutsche Sprache eine einheitliche Färbung, eine einheitliche Richtung und ein einheitliches Gefühl, jetzt war es aus, der Aufstand begann. Ein Aufstand mit Eruptionen, Ekstasen, Haß, neuer Menschheitssehnsucht, mit Zerschleuderung der Sprache zur Zerschleuderung der Welt. Andere Gestalten, andere Gestalter traten jetzt auf als die Landschaftsbeträumer und Blümchenverdufter, die dem deutschen Publikum als innige Poeten aufgeredet wurden (und heute wieder aufgeredet werden) – sie schlugen ihr Sein in die Gasretorte, und damit es leuchtete, hielten sie sie schräg. Sie kondensierten, filtrierten, experimentierten, um mit dieser expressiven Methode sich, ihren Geist, die aufgelöste, qualvolle, zerrüttete Existenz ihrer Jahrzehnte bis in jene Sphären der Form zu erheben, in denen über versunkenen Metropolen und zerfallenen Imperien der Künstler, er allein, seine Epoche und sein Volk der menschlichen Unsterblichkeit weiht.
Gelang es ihnen? Man kann sich kein Urteil über die Bewegung bilden, wenn man sich nicht fragt, was aus ihr geworden wäre, wenn nicht der Krieg und dann die geschichtlichen Wendungen dieses gesamte Europa unterbrochen hätten. Ihre ersten Opfer brachten sie im ersten Krieg: Stramm, Stadler, Lichtenstein, Marc, Macke, Rudi Stephan, Lotz, Engelke, Sorge fielen, Trakl wurde ein freiwilliges Opfer des Krieges, andere starben früh. Und wenn sie alt geworden wären? Ich bin sicher, und ich sehe und höre es von anderen, daß alle die echten Expressionisten, die jetzt also etwa meines Alters sind, dasselbe erlebt haben wie ich: daß gerade sie aus ihrer chaotischen Anlage und Vergangenheit heraus einer nicht jeder Generation erlebbaren Entwicklung von stärkstem innerem Zwang erlegen sind zu einer neuen Bindung und zu einem neuen geschichtlichen Sinn. Form und Zucht

steigt als Forderung von ganz besonderer Wucht aus jenem triebhaften, gewalttätigen und rauschhaften Sein, das in uns lag und das wir auslebten, in die Gegenwart auf. Gerade der Expressionist erfuhr die sachliche Notwendigkeit, die die Handhabung der Kunst erfordert, ihr handwerkliches Ethos, die Moral der Form. Zucht will er, da er der Zersprengteste war; und keiner von ihnen, ob Maler, Musiker, Dichter, wird den Schluß jener Mythe anders wünschen, als daß Dionysos endet und ruht zu Füßen des klaren delphischen Gottes."[7]

Die Selbstdarstellung ist in mehrfacher Hinsicht aufschlußreich: Expressionismus versteht sich nicht schlicht als eine Stilrichtung unter vielen, etwa als bloße Gegenströmung zum Impressionismus, sondern als Aufstand gegen die Tradition des gesamten 19. Jahrhunderts. Einerseits betont Benn die Entsprechung zwischen dem expressionistischen Stil und der historischen Situation („die aufgelöste, qualvolle Existenz ihrer Jahrzehnte"), andererseits stellt er den Expressionismus in einen überzeitlichen mythischen Zusammenhang – als Ausdruck des Dionysischen und damit als Gegenpol des apollinischen Kunstprinzips. Damit entspricht Benn in etwa dem Selbstverständnis vieler expressionistischer Künstler und Programmatiker, die den Expressionismus ahistorisch – als Verwirklichung überzeitlicher Möglichkeiten der Kunst schlechthin – verstanden wissen wollen. Als frühes Beispiel sei Däublers Darstellung des Expressionismus aus dem Jahr 1916 angeführt:

> „Der Volksmund sagt: wenn einer gehängt wird, so erlebt er im letzten Augenblick sein ganzes Leben nochmals. Das kann nur Expressionismus sein!
> Schnelligkeit, Simultanität, höchste Anspannung um die Ineinandergehörigkeiten des Geschauten sind Vorbedingung für den Stil. Er selbst ist Ausdruck der Idee.
> Eine Vision will sich in letzter Knappheit im Bezirk verstiegener Vereinfachung kundgeben: das ist Expressionismus in jedem Stil."[8]

Als persönlich Betroffener, wenn auch Verschonter, muß Benn die Bedeutung der politisch-historischen Ereignisse für die Entwicklung des Expressionismus besonders intensiv erlebt und erkannt haben. Von den expressionistischen Lyrikern, die uns heute als die bedeutenderen erscheinen, haben nur wenige das Ende des Ersten Weltkriegs erlebt. Und hätten sie ein normales Lebensalter erreicht, so wäre ihnen im Dritten Reich Ächtung,

Verfolgung oder Exil sicher gewesen. Schon Jahre vor der Heraufkunft des Nationalsozialismus wurde Expressionismus in breiten Volkskreisen als „Entartung" gewertet. So urteilt Adolf Bartels in seiner berühmt-berüchtigten „Geschichte der deutschen Literatur":

> „... Und wenn man nun zu der Dichtung der Jüngsten selber kommt, da drängt sich einem, wie bei den modernen Richtungen des Futurismus und Kubismus in der Malerei der Argwohn auf, daß vielleicht doch nur das Unvermögen, ich möchte beinahe sagen: das jüdische Unvermögen, den neuen Stil geschaffen habe, wie daß ferner auch die internationale oder „kosmische" Tendenz, das vollständige Absehen vom Volkstum eine jüdische Mitgabe der neuen Kunst sei."[9]

So unfreiwillig komisch Bartels Urteile uns heute vorkommen – z. B. wenn er Else Lasker-Schüler neben anderen emanzipierten Dichterinnen als „brünstig, ja pervers"[10] charakterisiert („Manche Frauen haben sich sogar auf dem Überbrettl mit brünstigen Gedichten produziert – es war eine wahre Schande!"[11]) – sie hatten ihre Wirkung. Man bedenke, daß seine Literaturgeschichte immerhin höhere Auflagen erzielte als die repräsentative expressionistische Anthologie *Menschheitsdämmerung* von Kurt Pinthus.

War der Expressionismus in der Weimarer Zeit umstritten, so wurde er nach 1933 als „Entartete Kunst" aus dem kulturellen Bewußtsein der Deutschen eliminiert. Seine Rezeption beim breiteren Publikum (erkennbar z. B. an der Aufnahme expressionistischer Gedichte in Schullesebücher) begann nach dem Krieg mit großer Verspätung – eigentlich erst Ende der fünfziger Jahre, nachdem 1959 die *Menschheitsdämmerung* (erstmalig nach dem Krieg) neu aufgelegt worden war.[12]

3
Die Gedichte in Motivgruppen

3.1
„Aufbruch“

Text 1 Ernst Wilhelm Lotz: Aufbruch der Jugend

Die flammenden Gärten des Sommers, Winde, tief und voll Samen,
Wolken, dunkel gebogen, und Häuser, zerschnitten vom Licht.
Müdigkeiten, die aus verwüsteten Nächten über uns kamen,
Köstlich gepflegte, verwelkten wie Blumen, die man sich bricht.

Also zu neuen Tagen erstarkt wir spannen die Arme,
Unbegreiflichen Lachens erschüttert, wie Kraft, die sich staut,
Wie Truppenkolonnen, unruhig nach Ruf der Alarme,
Wenn hoch und erwartet der Tag überm Osten blaut.

Grell wehen die Fahnen, wir haben uns heftig entschlossen,
Ein Stoß ging durch uns, Not schrie, wir rollen geschwellt,
Wie Sturmflut haben wir uns in die Straßen der Städte ergossen
Und spülen vorüber die Trümmer zerborstener Welt.

Wir fegen die Macht und stürzen die Throne der Alten,
Vermoderte Kronen bieten wir lachend zu Kauf.
Wir haben die Türen zu wimmernden Kasematten zerspalten
Und stoßen die Tore verruchter Gefängnisse auf.

Nun kommen die Scharen Verbannter, sie strammen die Rücken,
Wir pflanzen Waffen in ihre Hand, die sich fürchterlich krampft,
Von roten Tribünen lodert erzürntes Entzücken,
Und türmt Barrikaden, von glühenden Rufen umdampft.

Beglänzt von Morgen, wir sind die verheißnen Erhellten,
Von jungen Messiaskronen das Haupthaar umzackt,
Aus unsern Stirnen springen leuchtende, neue Welten,
Erfüllung und Künftiges, Tage, sturmüberflaggt!

Text 2 Ernst Stadler: Fahrt über die Kölner Rheinbrücke bei Nacht

1 Der Schnellzug tastet sich und stößt die Dunkelheit entlang.
2 Kein Stern will vor. Die ganze Welt ist nur ein enger, nachtumschienter Minengang,
3 Darein zuweilen Förderstellen blauen Lichtes jähe Horizonte reißen: Feuerkreis
4 Von Kugellampen, Dächern, Schloten, dampfend, strömend .. nur sekundenweis ..
5 Und wieder alles schwarz. Als führen wir ins Eingeweid der Nacht zur Schicht.
6 Nun taumeln Lichter her .. verirrt, trostlos vereinsamt .. mehr .. und sammeln sich .. und werden dicht.
7 Gerippe grauer Häuserfronten liegen bloß, im Zwielicht bleichend, tot – etwas muß kommen .. o, ich fühl es schwer
8 Im Hirn. Eine Beklemmung singt im Blut. Dann dröhnt der Boden plötzlich wie ein Meer:
9 Wir fliegen, aufgehoben, königlich durch nachtentrissne Luft, hoch übern Strom. O Biegung der Millionen Lichter, stumme Wacht,
10 Vor deren blitzender Parade schwer die Wasser abwärts rollen. Endloses Spalier, zum Gruß gestellt bei Nacht!
11 Wie Fackeln stürmend! Freudiges! Salut von Schiffen über blauer See! Bestirntes Fest!
12 Wimmelnd, mit hellen Augen hingedrängt! Bis wo die Stadt mit letzten Häusern ihren Gast entläßt.
13 Und dann die langen Einsamkeiten. Nackte Ufer. Stille. Nacht. Besinnung. Einkehr. Kommunion. Und Glut und Drang
14 Zum Letzten, Segnenden. Zum Zeugungsfest. Zur Wollust. Zum Gebet. Zum Meer. Zum Untergang.

3.2 „Eros“

Text 1 Gottfried Benn: D-Zug

Braun wie Kognak. Braun wie Laub. Rotbraun.
Malaiengelb.
D-Zug Berlin–Trelleborg und die Ostseebäder.

Fleisch, das nackt ging.
Bis in den Mund gebräunt vom Meer.

Reif gesenkt, zu griechischem Glück.
In Sichel-Sehnsucht: wie weit der Sommer ist!
Vorletzter Tag des neunten Monats schon!

Stoppel und letzte Mandel lechzt in uns.
Entfaltungen, das Blut, die Müdigkeiten,
die Georginennähe macht uns wirr.

Männerbraun stürzt sich auf Frauenbraun:

Eine Frau ist etwas für eine Nacht.
Und wenn es schön war, noch für die nächste!
Oh! Und dann wieder dies Bei-sich-selbst-Sein!
Diese Stummheiten! Dies Getriebenwerden!

Eine Frau ist etwas mit Geruch.
Unsägliches! Stirb hin! Resede.
Darin ist Süden, Hirt und Meer.
An jedem Abhang lehnt ein Glück.

Frauenhellbraun taumelt an Männerdunkelbraun:

Halte mich! Du, ich falle!
Ich bin im Nacken so müde.
Oh, dieser fiebernde süße
letzte Geruch aus den Gärten.

Text 2 Else Lasker-Schüler: Dem Barbaren

Ich liege in den Nächten
Auf deinem Angesicht.

Auf deines Leibes Steppe
Pflanze ich Zedern und Mandelbäume.

Ich wühle in deiner Brust unermüdlich
Nach den goldenen Freuden Pharaos.

Aber deine Lippen sind schwer,
Meine Wunder erlösen sie nicht.

Hebe doch deine Schneehimmel
Von meiner Seele –

Deine diamantnen Träume
Schneiden meine Adern auf.

Ich bin Joseph und trage einen süßen Gürtel
Um meine bunte Haut.

Dich beglückt das erschrockene Rauschen
Meiner Muscheln.

Aber dein Herz läßt keine Meere mehr ein.
O du!

Text 3 GEORG TRAKL: Rosenkranzlieder

An die Schwester

Wo du gehst wird Herbst und Abend,
Blaues Wild, das unter Bäumen tönt,
Einsamer Weiher am Abend.

Leise der Flug der Vögel tönt,
Die Schwermut über deinen Augenbogen.
Dein schmales Lächeln tönt.

Gott hat deine Lider verbogen.
Sterne suchen nachts, Karfreitagskind,
Deinen Stirnenbogen.

3.3
„Großstadt"

Text 1 GEORG HEYM: Der Gott der Stadt

Auf einem Häuserblocke sitzt er breit.
Die Winde lagern schwarz um seine Stirn.
Er schaut voll Wut, wo fern in Einsamkeit
Die letzten Häuser in das Land verirrn.

Vom Abend glänzt der rote Bauch dem Baal,
Die großen Städte knieen um ihn her.
Der Kirchenglocken ungeheure Zahl
Wogt auf zu ihm aus schwarzer Türme Meer.

Wie Korybanten-Tanz dröhnt die Musik
Der Millionen durch die Straßen laut.
Der Schlote Rauch, die Wolken der Fabrik
Ziehn auf zu ihm, wie Dunst von Weihrauch blaut.

Das Wetter schwält in seinen Augenbrauen.
Der dunkle Abend wird in Nacht betäubt.
Die Stürme flattern, die wie Geier schauen
Von seinem Haupthaar, das im Zorne sträubt.

Er streckt ins Dunkel seine Fleischerfaust.
Er schüttelt sie. Ein Meer von Feuer jagt
Durch eine Straße. Und der Glutqualm braust
Und frißt sie auf, bis spät der Morgen tagt.

Text 2 Georg Trakl: Unterwegs *(1. Fassung)*

Ein Duft von Myrrhen, der im Zwielicht irrt.
Im Qualm versinken Plätze rot und wüst.
Bazare kreisen und ein Goldstrahl fließt
In alte Läden seltsam und verwirrt.

Im Spülicht glüht Verfallnes; und der Wind
Ruft dumpf die Qual verbrannter Gärten wach.
Beseßne jagen goldnen Träumen nach.
An Fenstern ruhn Dryaden schlank und lind.

Traumsüchtige wandeln, die ein Wunsch verzehrt.
Arbeiter strömen schimmernd durch ein Tor.
Stahltürme glühn am Himmelsrand empor.
O Märchen in Fabriken grau versperrt!

Im Finstern trippelt puppenhaft ein Greis
Und lüstern lacht ein Klimperklang von Geld.
Ein Heiligenschein auf jene Kleine fällt,
Die vorm Kaffeehaus wartet, sanft und weiß.

O goldner Glanz, den sie in Scheiben weckt!
Durchsonnter Lärm dröhnt ferne und verzückt.
Ein krummer Schreiber lächelt wie verrückt
Zum Horizont, den grün ein Aufruhr schreckt.

Auf Brücken von Kristall Karossen ziehn,
Obstkarren, Leichenwägen schwarz und fahl,
Von hellen Dampfern wimmelt der Kanal,
Konzerte klingen. Grüne Kuppeln sprühn.

Volksbäder flimmern in Magie von Licht,
Verwunschne Straßen, die man niederreißt.
Ein Herd von Seuchen wirr im Äther kreist,
Ein Schein von Wäldern durch Rubinstaub bricht.

Verzaubert glänzt im Grau ein Opernhaus.
Aus Gassen fluten Masken ungeahnt,
Und irgendwo loht wütend noch ein Brand.
Ein kleiner Falter tanzt im Windgebraus.

Quartiere dräun voll Elend und Gestank.
Violenfarben und Akkorde ziehn
Vor Hungrigen an Kellerlöchern hin.
Ein süßes Kind sitzt tot auf einer Bank.

Text 3 Georg Trakl: Unterwegs *(2. Fassung)*

Ein Duft von Myrrhen, der durchs Zwielicht irrt,
Ein Fastnachtsspiel, auf Plätzen schwarz und wüst.
Gewölk durchbricht ein goldner Strahl und fließt
In kleine Läden traumhaft und verwirrt.

Im Spülicht glüht Verfallnes und der Wind
Ruft dumpf die Qual verbrannter Gärten wach.
Beseßne jagen dunklen Dingen nach;
An Fenstern ruhn Dryaden schlank und lind.

Ein Knabenlächeln, das ein Wunsch verzehrt.
Verschlossen starrt ein altes Kirchentor.
Sonaten lauscht ein wohlgeneigtes Ohr;
Ein Reiter trabt vorbei auf weißem Pferd.

Im Finstern trippelt puppenhaft ein Greis
Und lüstern lacht ein Klimperklang von Geld.
Ein Heiligenschein auf jene Kleine fällt,
Die vorm Kaffeehaus wartet, sanft und weiß.

O goldner Glanz, den sie in Scheiben weckt!
Der Sonne Lärm dröhnt ferne und verzückt.
Ein krummer Schreiber lächelt wie verrückt
Zum Horizont, den grün ein Aufruhr schreckt.

Karossen abends durch Gewitter ziehn.
Durchs Dunkel stürzt ein Leichnam, leer und fahl.
Ein heller Dampfer landet am Kanal,
Ein Mohrenmädchen ruft im wilden Grün.

Schlafwandler treten vor ein Kerzenlicht,
In eine Spinne fährt des Bösen Geist.
Ein Herd von Seuchen Trinkende umkreist;
Ein Eichenwald in kahle Stuben bricht.

Im Plan erscheint ein altes Opernhaus,
Aus Gassen fluten Masken ungeahnt
Und irgendwo loht wütend noch ein Brand.
Die Fledermäuse schrein im Windgebraus.

Quartiere dräun voll Elend und Gestank.
Violenfarben und Akkorde ziehn
Vor Hungrigen an Kellerlöchern hin.
Ein süßes Kind sitzt tot auf einer Bank.

3.4
„Abend und Nacht“

Text 1 GEORG HEYM: Der Abend

Versunken ist der Tag in Purpurrot,
Der Strom schwimmt weiß in ungeheurer Glätte.
Ein Segel kommt. Es hebt sich aus dem Boot
Am Steuer groß des Schiffers Silhouette.

Auf allen Inseln steigt des Herbstes Wald
Mit roten Häuptern in den Raum, den klaren.
Und aus der Schluchten dunkler Tiefe hallt
Der Waldung Ton, wie Rauschen der Kitharen.

Das Dunkel ist im Osten ausgegossen,
Wie blauer Wein kommt aus gestürzter Urne.
Und ferne steht, vom Mantel schwarz umflossen,
Die hohe Nacht auf schattigem Kothurne.

Text 2 GEORG TRAKL: De Profundis

Es ist ein Stoppelfeld, in das ein schwarzer Regen fällt.
Es ist ein brauner Baum, der einsam dasteht.
Es ist ein Zischelwind, der leere Hütten umkreist.
Wie traurig dieser Abend.

Am Weiler vorbei
Sammelt die sanfte Waise noch spärliche Ähren ein.
Ihre Augen weiden rund und goldig in der Dämmerung
Und ihr Schoß harrt des himmlischen Bräutigams.

Bei der Heimkehr
Fanden die Hirten den süßen Leib
Verwest im Dornenbusch.

Ein Schatten bin ich ferne finsteren Dörfern.
Gottes Schweigen
Trank ich aus dem Brunnen des Hains.

Auf meine Stirne tritt kaltes Metall
Spinnen suchen mein Herz.
Es ist ein Licht, das in meinem Mund erlöscht.

Nachts fand ich mich auf einer Heide,
Starrend von Unrat und Staub der Sterne.
Im Haselgebüsch
Klangen wieder kristallne Engel.

4
Interpretationen

4.1
Ernst Wilhelm Lotz: Aufbruch der Jugend

Ernst Wilhelm Lotz war einer der jüngsten im Kreise der expressionistischen Dichter und fiel als einer der ersten – am 26.9.1914 –. Er stammte aus einer Offiziersfamilie. Nach Absolvierung der Kadettenschule zum Leutnant avanciert, kehrte er 1912 dem Militärdienst den Rücken. Kurzfristig arbeitete er im Buchhandel, dann in einer Hamburger Import-Exportfirma, schließlich als freier Schriftsteller, bevor er bei Kriegsausbruch als Freiwilliger bei seinem alten Regiment eintrat.

Lotz gehörte nicht zu den Vorreitern der expressionistischen Bewegung, sondern zu der Vielzahl jener Talente, deren weitere Entwicklung der Kriegstod jäh abschnitt. Sein Gedicht *Aufbruch der Jugend* (1913) wird deshalb an den Anfang dieser Interpretationsreihe gestellt, weil es exemplarisch das Lebensgefühl eines großen Teils der jungen Elite am Vorabend des Ersten Weltkriegs aufzeigt.[13] Ob der „Aufbruch" Lotz, so wie eine Reihe jener Expressionisten, die den Krieg überlebten, in das Lager des Sozialismus geführt hätte? Die Frage ist nicht zu beantworten. Fest steht nur, daß er mit vielen anderen seiner Generation ein diffuses, aber tiefgreifendes Ausbruchsbedürfnis teilte. Wie Heym, Trakl und andere trug er sich zeitweilig mit Auswanderungsphantasien. Aber im Gegensatz zu den französischen Vorbildern Gauguin und Rimbaud machte niemand von den deutschen Expressionisten der Vorkriegszeit mit solchen Plänen Ernst. Wie Heym, Lichtenstein, Stadler und viele andere litt Lotz unter der stickigen Enge der Wilhelminischen Ära, der lähmenden Zukunftsperspektive einer konsolidierten und saturierten Bürgerlichkeit. Krieg und Revolution wurden daher primär als Möglichkeit subjektiver Existenzsteigerung und weniger als politische bzw. gesellschaftliche Prozesse antizipiert und ersehnt. Eine ähnliche Stimmungslage verrät das 1914 veröffentlichte Gedicht *Aufbruch* von Ernst Stadler: Sturm, Feuer, Alarm, Kampf und Morgen bestimmen auch die Bildlichkeit dieses Gedichts. Deutlicher noch als bei Lotz kommt dort zum Ausdruck, daß das Spiel mit dem

Todesgedanken der Steigerung des Existenzgefühls dient:

> „Vielleicht würden uns am Abend Siegesmärsche umstreichen,
> Vielleicht lägen wir irgendwo ausgestreckt unter Leichen.
> Aber vor dem Erraffen und vor dem Versinken
> Würden unsre Augen sich an Welt und Sonne satt und glühend trinken."
> (Pinthus, K. [Hrsg.]: Menschheitsdämmerung, a. a. O., 80)

Bei Lichtenstein schlägt die existentielle Frustration in Aggressivität nach außen um:

> „Der Himmel ist wie eine blaue Qualle.
> Und rings sind Felder, grüne Wiesenhügel –
> Friedliche Welt, du große Mausefalle,
> Entkäm ich endlich dir (...)
> ... Wär doch ein Wind ... zerriß mit Eisenklauen
> Die sanfte Welt. Das würde mich ergetzen.
> (...)"
> (*Sommerfrische.* In: Pinthus K. [Hrsg.]: Menschheitsdämmerung, a. a. O., 63)

Daß der „Aufbruch der Jugend" auch für Lotz nicht von einem konkreten Ziel, sondern von einem unbestimmten Bedürfnis her motiviert ist, läßt ein etwa zeitgleiches Gedicht des Autors erkennen, das ohne Titel geblieben ist:

> „... Wir sind nach Süden krank, nach Fernen, Wind,
> Nach Wäldern, fremd von ungekühlten Lüsten,
> Und Wüstengürteln, die voll Sommer sind,
> Nach weißen Meeren, brodeln an besonnte Küsten.
> (...)
> Wir sind versehnt nach Reizen unbekannter Art.
> Wir sind nach Dingen krank, die wir nicht kennen.
> Wir sind sehr jung. Und fiebern noch nach Welt.
> (...)
> (In: Bode, D. [Hrsg.]: Gedichte des Expressionismus, a. a. O., 52)

Die Nähe zu Benns eskapistischen Griechenland-, Südsee- und Drogenträumen ist erkennbar. Vegetative Symbole wie Gärten und Samen sowie atmosphärische Phänomene wie Wind, Wolken und Sommer bilden auch den Ausgangspunkt des Gedichts *Aufbruch der Jugend,* aber die Entwicklung ins Naturhaft-Dionysische kommt hier nicht zum Tragen. Das flackernd-expressive Landschaftsbild, das durch Gemälde van Goghs oder Noldes inspiriert erscheint, wird in Form einer viergliedrigen satzlosen

Evokation vorausgeschickt, dann aber jäh abgeschnitten. In welcher Beziehung das dynamisch-naturhafte Eingangsbild zur Gesamtaussage steht, läßt sich schwer bestimmen: Analogien zwischen den Bereichen der Natur und des Menschen fallen ins Auge. Der „Wind" der ersten Zeile steigert sich zum „Sturm". Die „flammenden Gärten" haben ihre Entsprechung im „lodernden Entzücken" und in den „glühenden Rufen". Der „Sommer" verweist auf „Erfüllung" (letzte Zeile). Die samenträchtigen „Wolken" enthalten den Keim für „Künftiges" (letzte Zeile). Das „Licht" wird in der Schlußallegorie zur dreistufigen Klimax gesteigert: „Beglänzt von Morgen ... die verheißnen Erhellten ... leuchtende, neue Welten".

Andererseits könnte man die Aussage der zweiten Hälfte der ersten Strophe („Müdigkeiten ... köstlich gepflegte, verwelkten wie Blumen") nicht nur als Absage an das dandyhafte Ästhetentum des Fin de siècle (in der deutschen Lyrik etwa repräsentiert durch den frühen George und die Loris-Gedichte von Hofmannsthal) interpretieren, sondern darüber hinaus auch als Abwendung von subjektivistischem Naturerleben hin zu gesellschaftlich-politischem Engagement. Mir scheint zwischen dem Bild der Eingangszeilen und den Aussagen der letzten Strophe trotz der fehlenden syntaktisch-logischen Verknüpfung eher Analogie als Kontrast zu bestehen. Ein durchgehender Gegensatz der Bedeutungselemente bestimmt hingegen die beiden Hälften der ersten Strophe: Wachstumskraft, Bewegung zur Reife hin, Zukunftsbezug („Samen") auf der einen Seite, Destruktion („verwüsten" – „verwelken" – „brechen"), fatalistische Passivität („Müdigkeiten, die ... über uns kamen") und Vergangenheitsbezug (zweifaches Präteritum) auf der Gegenseite.

Der auffallende, weil normwidrige Plural „Müdigkeiten" dürfte vom literarisch gebildeten zeitgenössischen Leser als Anspielung auf Hofmannsthals berühmtes Gedicht *Manche freilich ...* verstanden worden sein:

„Ganz vergessener Völker Müdigkeiten
Kann ich nicht abtun von meinen Lidern."[14]

Wie die Hofmannsthalschen „Müdigkeiten" mit der Wertschätzung des Abends und der Nacht als der eigentlichen Tageszeit des „ewig Einsamen" korrespondieren („Und dennoch sagt der viel, der Abend sagt")[15], so korrespondiert der kollektive Aktivismus, den Lotz in seinem Gedicht für sich entdeckt und verherrlicht, mit dem Morgen als symbolischer Tageszeit. Während Hofmannsthal sich der Vergangenheit „ganz vergessener Völker" unentrinnbar verhaftet fühlt und sein Ich an die Vergangenheit verliert („... daß ich auch vor hundert Jahren war/Und meine Ahnen, die im Totenhemd,/Mit mir verwandt sind wie mein eignes Haar")[16], signalisiert bei Lotz das reich besetzte Bedeutungsfeld „Morgen" – „Tag" – „jung" – „neu" – „Künftiges" seine Ausrichtung auf die Zukunft.

Die zweite Strophe stellt ein Erweckungserlebnis besonderer Art dar: Anstatt eines Ich erwacht ein „Wir" zu kollektivem Leben und Handeln. Es begreift sich als militante Kraft. Dementsprechend beherrschen Bilder des Kampfes die zweite bis fünfte Strophe. Zunächst befremdet die orientierungslose Irrationalität dieser „Kraft, die sich staut". Das „Wir" erlebt sich als bestimmt von unergründlicher, aus dem eigenen Innern aufsteigender Emotionalität („Unbegreiflichen Lachens erschüttert"), wobei der archaisierende Genitivus absolutus darauf verweist, daß sich dieses Lachen ebenso der üblichen syntaktischen wie der rationalen Einordnung entzieht. Auch der Entschluß, von dem zu Beginn der dritten Strophe die Rede ist, bleibt ohne konkreten Zielbezug, obwohl die grammatische Valenz des Verbs „sich entschließen" ein folgendes „wozu?" erfordert. So wird denn auch die erste Aktion der Wir-Gruppe in das Bild einer Naturkatastrophe gefaßt („wie Sturmflut").

Erst ist die Kraft, die Unruhe „nach Ruf der Alarme", die absolute Entschlossenheit, dann – in der vierten der sechs Strophen – findet sich das Angriffsziel: „die Throne der Alten". Der Plural deutet wiederum auf die Vagheit der Vorstellung hin. Ist an das Wilhelminische Kaiserreich gedacht? Aber wie vereinbart sich Lotz' freiwilliger Einsatz für das Reich im Ersten Weltkrieg mit einer solchen Deutung? Ist an das Zarenreich gedacht? „Die Scharen Verbannter" könnten ein Hinweis darauf sein. Warum dann aber der Plural „Throne" und „Kronen"? Ist schließlich jede Form von Monarchie gemeint oder geht es um einen Aufstand der Jungen gegen alles Alte schlechthin? Derartige Fragen bleiben offen: Das Gedicht ist nicht auf Klärung und Differenzierung hin angelegt. Worin sich die „neuen Welten" von der alten unterscheiden werden, ist nicht abzusehen. Jedenfalls werden sie die Schöpfung einer Elite sein, deren Selbst- und Sendungsbewußtsein seinen hyperbolischen Ausdruck in der Symbolfigur des Messias findet.

Ein Rückblick auf die Sprachgestaltung bestätigt, was die Inhaltsbetrachtung gezeigt hat: Die weltumspannende Überdimensionalität des Bildes läßt die Wahrnehmung von Einmaligem, Einzelnem nicht zu: Der Plural dominiert in allen Bereichen – selbst da, wo man eigentlich einen Singular erwarten sollte: „Alarme", „neue Welten". Im Singular stehen lediglich Kollektiva („das Haupthaar") oder Abstrakta („Not"), welche durch die Verbindung mit handlungsstarken Verben („Not schrie"), zum Teil unter Einbezug ähnlicher Partizipien („lodert *erzürntes* Entzükken und türmt Barrikaden, von *glühenden* Rufen *umdampft*"), gebildet werden.

Es braucht kaum betont zu werden, daß den Handlungsverben durchgehend überragende Bedeutung zukommt – teils in Form von Hauptsatzprädikaten, teils in Partizipialfügungen, die den Eindruck komprimierter Gedrängtheit entstehen lassen, so vor allem in den Ein-Satz-Strophen 2, 5 und 6, die jeweils drei (Strophe 2), vier (Str. 5) bzw. fünf (Str. 6) Partizipien enthalten. Überdurchschnittlich oft kommen Vorsilben vor, die Destruktion ausdrükken: „verwüsten, verwelken, verrucht, Verbannte, vermoderte" – „zerborsten, zerspalten". Sie dürften als sprachliches Korrelat des von Konflikt, Aggression und Kampf bestimmten Inhalts zu verstehen sein. Die zahlreichen „er-"-Präfixe verleihen den entsprechenden Verben, Partizipien bzw. Nomen inkohativen Charakter und spiegeln damit die allgemeine Aufbruchsstimmung wider: „erstarkt, erschüttert, erwartet, ergossen, erzürnt, Erhellte, Erfüllung".

Die neugebildeten partizipialen Ableitungen bzw. Zusammensetzungen „umdampft, umzackt, sturmüberflaggt" sind wohl auch aus dem Bestreben nach bedeutungsstarker Kontraktion zu erklären.

Der Satzbau ist im Grunde durch Hauptsatzparataxe gekennzeichnet, wenn man von den vier Relativsätzen und dem einen Temporalsatz (in der 8. Zeile) einmal absieht. Allerdings faßt Lotz durch eigenwillige Setzung von Kommata anstatt einschneidender Satzschlußzeichen alle Strophen außer der ersten jeweils zu einem Gesamtsatz zusammen. So umfaßt z. B. die Ein-Satz-Strophe drei insgesamt sechs grammatisch selbständige Hauptsätze. Offenbar soll das in sich asyndetisch gefügte Satzkonglomerat als großdimensionierte Zusammenballung empfunden werden, was der Aussagetendenz ja durchaus entspricht.

Insgesamt kann man sagen, daß das Gedicht von der massiven, ja teilweise hyperbolischen Bildlichkeit und vom bedeutungsstarken Wort lebt. Musikalische Elemente sind nur von ganz untergeordneter Bedeutung. Lotz behält trotz des zukunftsbezogenen revolutionären Inhalts einen durchaus konventionellen alternierenden Reim mit abwechselnd klingender und stumpfer Kadenz bei. Infolge der Länge der einzelnen Zeilen, die 5–6 hexameterartig gefügte Dreiertakte (ein- bis zweimal pro Zeile ersetzt durch Zweiertakt) umfassen, tritt der Reim akustisch in den Hintergrund. Zunächst vereinzelt, in den beiden letzten Strophen gehäuft vorkommende Alliterationen („erzürntes Entzücken") tragen zu einem sich steigernden Sprachpathos bei. Die einzelnen Zeilen beginnen fast alle mit schwungvollem Auftakt. Meist bringt erst das Zeilenende Sinn- und Verszäsur, so daß insgesamt der Eindruck eines stauungsfreien deklamatorischen Sprachflusses entsteht.

4.2
Ernst Stadler: Fahrt über die Kölner Rheinbrücke bei Nacht

Stadler wurde 1883 in Colmar im Elsaß geboren. Er fiel – einunddreißigjährig – am 30. 10. 1914 bei Ypern in Belgien als deutscher Artillerieoffizier. Um einige Jahre älter als die meisten der jungen expressionistischen Talente galt er als einer der großen Anreger dieser Bewegung.

Als das Gedicht, dessen biographischen Hintergrund schon der Titel hervorhebt, entstand, war Dr. Ernst Stadler seit einem Jahr Professor der Germanistik an der Université Libre in Brüssel. Das Gedicht wurde erstmalig 1913 in Pfempferts Literaturzeitschrift „Die Aktion" veröffentlicht und dann auch in den 1914 erschienenen Gedichtband *Der Aufbruch* aufgenommen.

Der Titel läßt den Leser eine eher naturalistische Wiedergabe eines bestimmten Reiseerlebnisses erwarten. In der Tat enthalten die ersten 7 Langzeilen realistische Elemente moderner Technik und Zivilisation wie „Kugellampen", „Schlote" und „Häuserfronten". Diese werden aber als Attribute expressiven Bildern untergeordnet: „Feuerkreis von Kugellampen" ... „Gerippe grauer Häuserfronten". Die beherrschenden Sprachbilder wie „nachtumschienter Minengang" oder „Eingeweid der Nacht" verraten durch ihre Kühnheit deutlich expressionistischen Stilwillen.

Auf das ganze Gedicht bezogen zeigt sich eine analoge Tendenz: Am Anfang steht der reale Ausgangspunkt, „der Schnellzug". Das Ziel der Fahrt aber, das in der letzten Langzeile in den Blick genommen wird, transzendiert die visuelle Sphäre ganz und gar. Diese Spannweite zwischen Beginn und Ende erzeugt eine Dynamik der Bewegung, die schon in der Metaphorik der Eingangszeilen spürbar wird:[17] Der Schnellzug wird zum Lebewesen, das sich durch die Dunkelheit „tastet". Die Sterne haben Willen („Kein Stern will vor"). Bewegung, wenn auch vorläufig noch gehemmt, ohne erkennbares Ziel, vibriert in allen Bildern der ersten 7 Langzeilen. Sie führt in die Vertikale, ja abwärts (in „Minengang", „Eingeweid", „Schicht").

Der Bewegungscharakter der Verben wird durch Richtungspräfixe verstärkt: „entlangstoßen" – „vorwollen" – „hertaumeln". Die Beklemmung, die von der nächtlichen Dunkelheit ausgeht, wird durch desorientierende, „jähe" Einbrüche eines kalten „blauen" Lichts eher noch verstärkt.

In der 6. und 7. Zeile treten die Lichterscheinungen in den Vordergrund. Sie werden metaphorisch belebt („taumeln ... Lichter" – „Gerippe grauer Häuserfronten"), jedoch nur, damit Leblosigkeit entschiedener fühlbar gemacht werden kann („taumeln" – „verirrt" – „Gerippe" - „tot"). Beklemmende Unstetigkeit, irritierende Temposchwankungen bestimmen die Zeitstruktur der ersten Gedichthälfte: „zuweilen" – „jäh" - „nur sekundenweis" – „und wieder". Der ganz unregelmäßige Satzbau verstärkt diesen Eindruck. Am Anfang stehen – asyndetisch gefügt – zwei Hauptsätze. Das Ende des zweiten zerschneidet durch eine starke Zäsur den Fluß der zweiten Verszeile. Darauf folgt ein hypotaktisches Satzgebilde, das sich schließlich in Satzlosigkeit verliert: Von dem Doppelpunkt an durchbricht eine Folge von Substantiven und Partizipien I den Prädikatsrahmen. Die Partizipien („dampfend, strömend") tragen ebenso zur zeitlichen Entgrenzung bei wie die folgenden Interpunktionen: Offensichtlich markieren die Punkte als Auslassungszeichen Pausen im Sprechfluß.

Die erste Zeile der zweiten Hälfte des insgesamt 14zeiligen Gedichts leitet das eigentliche Zentralerlebnis ein: die Fahrt über die Rheinbrücke. Die Zeile endet mit einem Doppelpunkt, der Bedeutsames ankündigt: den großen Stimmungsumschwung, das emotionale Abheben von der Ebene der Realität („Wir fliegen, aufgehoben, ..."). Beklemmungen und Hemmungen haben ein Ende gefunden. Schon ein Blick auf das Schriftbild läßt den Umschwung erkennen: Die Irritationen im rhythmischen Dahinströmen der Jamben, die durch die Auslassungszeichen der 4., 6. und 7. Zeile signalisiert werden, haben in der zweiten Gedichthälfte keine Entsprechung. An deren Stellen treten vielmehr Anrufungen („O Biegung") bzw. Ausrufe, angezeigt durch die gehäuften Ausrufezeichen. Satzlose Nominalketten, in der letzten Zeile verstärkt durch die sechsmalige pathetische Anapher („Zum Letzten ... Zum Untergang") entsprechen der emotionalen Aufgipfelung. Die normferne Interpunktion – Satzschlußzeichen hinter fast jedem Substantiv der letzten beiden Zeilen – soll ein Höchstmaß an Emphase kennzeichnen.

Die strophenlosen Zeilen[18] der ersten und der zweiten Gedichthälfte sind zwar verstechnisch kaum unterschiedlich gebaut, aber mit dem größeren Atem des freudig-erregten Sprechens korrespondiert die wachsende Länge der Zeilen. Variiert die Anzahl der Zweiertakte pro Zeile in der ersten Hälfte zwischen 7 (1. Zeile) und 14 Takten (7. Zeile), so liegt die Anzahl der Takte in der zweiten Hälfte zwischen 10 (8. Zeile) und 16 (9. Zeile). In Entsprechung zur Aussage ist das rhythmische Gleichmaß des jambischen Wellenschlags gegen das Ende der ersten Gedichthälfte hin zunehmend gestört, am deutlichsten in der 6. und 7. Zeile. Jeweils in der Mitte dieser beiden Zeilen zerbricht die rhythmische Bewegung geradezu: Die Kurzsätze „etwas muß kommen" und „Eine Beklemmung singt im Blut" in der Zeilenmitte bewirken jeweils zwei Zäsuren innerhalb einer Zeile. Eine zusätzliche Abbremsung des Sprechtempos kommt durch die Diskrepanz von Vers- und Wortbetonung in den Wörtern „etwas" und „eine" zustande, da z.B. die erste Silbe des „etwas" vom üblichen Wortakzent, die zweite Silbe aber vom Versschema her betont wird. Derartige Verzögerungen durch „Reibung" fehlen in der durch ihre besondere Länge hervorgehobenen 9. Zeile völlig. Hier gerät der Rhythmus in einen störungsfreien, kraftvollen

Jamben-Schwung, so daß das Höhepunkterlebnis des „königlichen Fliegens" auch akustomotorisch spürbar wird.

Die zahlreichen Zäsuren innerhalb der Verse 11–14 – bedingt durch Ausrufe (Z. 11 u. 12) und „Ein-Wort-Sätze" (Z. 13 u. 14) – bewirken im Unterschied zur ersten Gedichthälfte nicht Stockungen im rhythmischen Fluß, sondern eher einen erregteren Wellenschlag.

Mit der eigentlichen Fahrt über die Rheinbrücke (Z. 9) ändern sich Raum- und Existenzgefühl schlagartig. Dem tastenden Einfahren in einen engen „Minengang" des Eingangs steht nun ein Flug ins Hohe und Weite gegenüber. Das „Ich" (Z. 7) fühlt sich nun wahrhaft „aufgehoben" in einem „Wir" (Z. 9). Die Lichter – zuvor Symbole der Vereinzelung, Verirrung und Vereinsamung – vereinigen sich nunmehr zu „Millionen" (Z. 9), die für den „Gast" (Z. 12) ein „endloses Spalier" (Z. 10) bilden, das jedoch nicht in statischer „stumme(r) Wacht" (9. Z.) verharrt, sondern in dionysische Bewegung gerät, „Wie Fackeln stürmend!" (Z. 11), und in die Dimension des Kosmischen überleitet zum „Bestirnten Fest!" (Z. 11).

Nicht nur die Lichter, alle wesentlichen Elemente der ersten Gedichtshälfte kehren – mit positiven Vorzeichen versehen – wieder: Die Häuser – zuvor tote Gerippe – werden nun in den Kreis des Fest-Empfangs eingeordnet und belebt. Die Nacht – in der ersten Zeile konnotiert mit „Eingeweide", „Schicht" und „Minengang" – geht nun in die Assoziationsreihe „Stille", „Besinnung", „Einkehr" ein (Z. 13).

Das Lichtermeer der Großstadt wird derart üppig ausgestaltet und als eine Art Staatsempfang stilisiert, daß der Leser an dieser Stelle annehmen könnte, die Einfahrt in die Stadt Köln bedeute das Ende der Reise. Doch mitnichten: Die Stadt wird nicht einmal zur Station, die Fahrt, besser gesagt der Flug, hat ein ganz andersartiges, größeres Ziel – das gleiche wie der Rheinstrom. In dem Moment, da der Zug die Rheinbrücke erreicht, wird es schon durch den Vergleich des Dröhnens mit dem Rauschen des Meeres angesprochen. Der weitere Vergleich „Salut von Schiffen über blauer See" (Z. 11) verstärkt diese Vorstellung. In den beiden Schlußzeilen wird der Zielbezug expressis verbis ausgesprochen. Stadler sieht im Meer[19] – ähnlich wie Gottfried Benn (vgl. unten: *D-Zug*) – ein Symbol äußerster dionysischer Lebensintensität, die erst aus der Koinzidenz äußerster Gegensätze – „Kommunion" als „Zeugungsfest" und „Untergang" – entstehen kann. Für den heutigen Leser ist es schon erstaunlich, wie wenig der Germanist Stadler von jener Sprachskepsis berührt worden ist, wie sie Hofmannsthal in seinem Chandos-Brief (1901) artikuliert hat. Stadler vertraut der evokativen Kraft der Worte. Um die Aussage des Gedichts auf eine letzte und äußerste Steigerungsstufe zu heben, türmt er als Abschluß ein barockes Konglomerat schwergewichtiger Worte auf. Sechzehn Nominalbegriffe ohne jede prädikative Verbindung bilden dieses monumentale sprachliche Blockfeld. Konkreta (Ufer) stehen neben abstrakten Begriffen, welche stark überwiegen, Begriffe aus dem Bereich der Erotik bzw. des Sexus verbinden sich mit religiösen Begriffen – wodurch (gewiß unbeabsichtigt) ein sprachlicher Anklang an barocke Mystik zustandekommt. Wenn bei Franz Werfel, Ivan Goll und anderen Expressionisten vergleichbare Stileigentümlichkeiten sichtbar werden, so handelt es sich kaum um planvolle Rückgriffe auf ein älteres Sprachrepertoire, sondern um spontan auftretende Analogien.

4.3
Gottfried Benn: D-Zug

Dieses Gedicht Benns (1886–1956) entstand als eines der frühesten 1912 (erstveröffentlicht in der Zeitschrift „Pan" am 8.8.1912) zwischen Morgue I und Morgue II. Benn war zu dieser Zeit angehender Militärarzt (nach seiner Promotion im Jahre 1912). Allerdings mußte er noch im selben Jahr aus Gesundheitsgründen seinen Abschied vom Militär nehmen. Die Gedichte aus „Morgue I", die im März 1912 erschienen waren, hatten ihn mit einem Schlag zu einer umstrittenen Berühmtheit gemacht.

Das Gedicht wird hier in der Erstfassung abgedruckt, also mit der authentischen eigenwilligen Zeichensetzung des jungen Benn. Außer Abweichungen in der Groß- und Kleinschreibung sowie der Zeichensetzung enthält die Ausgabe letzter Hand von 1956 in 4.2 „Entfaltungen" statt ursprünglich „Enthaltungen".[20] Da der todkranke Benn diese Edition von 1956 – jedenfalls was die Jugendgedichte betrifft – so gut wie gar nicht betreut hat, darf „Enthaltungen" als die bessere (ursprüngliche) Leseart angesehen werden.

Das Motiv der Eisenbahn war schon in der Pionierzeit dieser bahnbrechenden technischen Neuerung in der Kunst hoffähig geworden. So malte der englische Früh-Impressionist Turner schon 1844 sein berühmtes Werk: „Regen, Dampf, Geschwindigkeit – Der große Westzug". Die Heroisierung des technischen Vehikels wird in der Literatur mehr als ein halbes Jahrhundert später wieder aufgenommen und von G. Heym bis zur dynamisch-visionären Überhöhung weitergetrieben. So schließt das Sonett *Die Züge* von Heym, das in dessen erste Gedichtsammlung *Der ewige Tag* (1911) aufgenommen wurde, mit einem Monumentalbild:

„... Die Züge donnern auf dem Meilendamme,
Der in die Wälder rennt, des Tages Schweif.
Ihr Rauch steigt auf wie eine Feuerflamme,
Die hoch im Licht des Ostwinds Schnabel zaust ..."

Benns D-Zug-Gedicht überrascht dadurch, daß das Titelmotiv inhaltlich nur in einer einzigen Zeile (Z. 2) aufgegriffen wird. „D-Zug Berlin–Trelleborg und die Ostseebäder" – das klingt wie eine unverändert einmontierte Bahnhofsdurchsage. In einem anderen Eisenbahn-Gedicht stellt Benn einen Zusammenhang zwischen Situation und Bildtechnik her: „Das Gleitende, das in den Fenstern steht ..." (*Schnellzug,* 71).

Nicht einmal davon kann in *D-Zug* die Rede sein. Der Bezug liegt hier in einer tieferen Ebene – im Tempo, in der rhythmischen Dynamik und im Lebensgefühl: Das Gedicht präsentiert sich dem Leser als eine Assoziationskette, deren einzelne Glieder in rascher Folge und unregelmäßig pulsierendem Rhythmus aneinanderstoßen. Vor allem die in der ersten Gedichthälfte dominierenden kurzen satzlosen Kola haben etwas Atemloses, Gehetztes. Die häufigen Ausrufe oder Aufforderungen, in denen sich die gestaute Erregung entlädt, verstärken den Eindruck unruhiger Dynamik. Aber auch die Aussagesätze des Gedichts bilden jeweils nur kurze Sprecheinheiten. Abgesehen von dem letzten Ausruf überschreitet kein Satz (bzw. satzloses Kolon) das Zeilenende, so daß diese jeweils starke Einschnitte darstellen. Abrupte Zäsuren finden sich auch innerhalb der Zeilen. Die Interpunktion verrät, daß der Sprecher sie selbst dann gewaltsam herstellt, wenn sie von der Syntax und vom Sinn her nicht angezeigt sind:

„... Eine Frau ist etwas mit Geruch.
Unsägliches. Stirb hin. Resede."
(Z. 16/17)

Durch die heftigen Impulse, die jeder neue Sprecheinsatz nach vorausgehendem Punkt oder Ausrufezeichen bewirkt, wird ein Einschwingen in einen poetischen Gleichtakt durchkreuzt. Dazu gibt es nämlich durchaus Ansätze, allerdings im allgemeinen nur eine Zeile umfassend:

„... Bis in den Mund gebräunt vom Meer." (Z. 4)

Lediglich in den Zeilen 18/19 folgen acht Jamben ungestört aufeinander. In einem Fall läßt sich anhand der ungewöhnlichen Wortstellung zeigen, daß auch mitunter die jambische Form mit Absicht hergestellt ist:

„... Vorletzter Tag des neunten Monats *schon*" statt: ... *schon* vorletzter Tag des neunten Monats

Die Uneinheitlichkeit im Rhythmus, die unregelmäßige Länge der reimlosen Zeilen, die Uneinheitlichkeit der Syntax, deren Normen ja hier öfter durchbrochen als eingehalten werden – dies alles vermittelt einen Eindruck von hochgespannter Erregung, motorischer Dynamik, ja fast manischem Getriebensein.

Eben dieses Existenzgefühl vermitteln auch die beherrschenden Bewegungsverben:

„... Männerbraun stürzt sich ..." (Z. 11)
„... Frauenhellbraun taumelt ..." (Z. 20)
„... Dies Getriebenwerden!" (Z. 15)
„... ich falle!" (Z. 21)

Schon der gewissermaßen überstürzte Sprecheinsatz, der das Attribut „Braun" weit vor dem zugehörigen Nomen „Fleisch" herausschleudert und es außerdem noch durch die eingeschobene Ortsangabe von diesem abtrennt, macht das innere „Getriebenwerden" des Sprechers fühlbar. Seine Impulse scheinen nicht von einem „Ich" im Sinne einer koordinierenden und kontrollierenden psychischen Zentrale bestimmt zu sein. Es ist daher wohl auch nicht als Zufall zu werten, daß das Wort „Ich" erst in der abschließenden „Frauenstrophe" vorkommt. Aber auch die Frau spricht in der Ich-Form nur, um das Gefühl der Ich-Auflösung zu bekunden. Der männliche Sprecher sieht sich hingegen von vornherein nicht als „Ich", sondern als Teil eines – durch das Geschlecht bestimmten – kollektiven „Wir":

> „... Die Georginennähe macht uns wirr." (Z. 10)

Die Entindividualisierung wird allerdings noch erheblich weiter getrieben, und man kann sie mit einigem Recht geradezu als Enthumanisierung bezeichnen; betrachten wir die Definition der Frau:

> „... Eine Frau ist etwas für eine Nacht." (Z. 12)
> „... Eine Frau ist etwas mit Geruch." (Z. 16)

Der unbestimmte Artikel meint hier nicht eine vorläufig noch unbekannte Person, die eventuell später näher gekennzeichnet wird, sondern betont die Anonymität und Beliebigkeit.

„Frau" enthält keine Anklänge mehr an die „frouwe" als Minneherrin, sondern bezieht sich ausschließlich auf die weibliche Sexualität als allem anderen übergeordnetes Definitionsmerkmal. „Etwas" macht aus der Person ein gesichtsloses Objekt, das Trieb und Sinne anspricht. Durch die Geruchsqualität wird die Frau in eine Reihe gestellt mit der Pflanzenwelt:

> „... dieser fiebernde süße
> letzte Geruch aus den Gärten." (Z. 23/24)

In Z. 16/17 wird sie der Resede gleichgesetzt, einer stark duftenden Herbstblume. In Z. 10 ist weibliche Sexualität in der „Georginennähe" mitgemeint.

Auch der Mann wird hier als vegetativ bestimmtes Wesen dargestellt:

> „... Stoppel und letzte Mandel lechzt in uns." (Z. 8)

Allerdings wechselt bei ihm naturhaftes Getriebensein mit bewußtem „Bei-sich-selbst-Sein" – einem Zustand, den Benn oft beklagt:

> „... Das Tier lebt Tag um Tag
> Und hat an seinem Euter kein Erinnern ...
> Nur ich, mit Wächter zwischen Blut und Pranke, ein hirnzerfressenes Aas ..." (*Ikarus,* 79)

Benn hat versucht, der als Leiden empfundenen Individuation zu entkommen – etwa im Drogenrausch:

„... Cocain
... Den Ich-zerfall, den süßen, tiefersehnten,
Den gibst Du mir ...“ (*Cocain*, 108)

Vor allem aber beschwört er immer wieder den dionysischen Rausch des Aufgehens in Geschlechtlichkeit. Damit untrennbar verbunden ist die Vorstellung von südlich-exotischer Paradiesnatur: „Süden, Hirt und Meer“ (Z. 18)[21] und von „griechischem Glück“ (Z. 5).

Das allumfassende Einswerden der Geschlechter, das zugleich als Einswerden von Mensch und Natur zu verstehen ist, wird auf der Ebene der Bildhaftigkeit durch die absolute Dominanz der Farbe Braun symbolisiert. Es gibt in diesem Gedicht keine andere Farbe. In der gemeinsamen Farbe des von Meer und Sommer gebräunten „Fleisches“ werden die Geschlechter eins: „Männerbraun stürzt sich auf Frauenbraun“ (Z. 11). Die Symbolfarbe des Dionysischen emanzipiert sich auch sprachlich. Normalerweise wird die Person als übergeordnete *substantia* und die Farbe als veränderliches *accidens* aufgefaßt: In „Männerbraun“ usw. verkehrt sich die Rangordnung. Die Person sinkt zur Bedeutungslosigkeit des Akzidentiellen herab. Das Farbsymbol der Geschlechtlichkeit wird zum übergeordneten Grundwort. Überdies erhält „Braun“ schon in der ersten Zeile durch eine Reihe von Vergleichen einen weiteren Umkreis von Konnotationen: „Wie Kognak“ deutet auf Genuß und Rausch hin. „Wie Laub“ weist auf die Beziehung zur vegetativen Natur hin. „Malaiengelb“ variiert den Grundton ins Exotische. „Bis in den Mund gebräunt“ – realistisch betrachtet ein Ding der Unmöglichkeit – läßt erkennen, daß mit „Braun“ nicht eine bestimmte Pigmentierung der Haut, sondern eine tieferreichende Qualität gemeint ist.

Die rauschhafte Erfüllung ist für Benn untrennbar verbunden mit der Vorstellung des Sterbens. Die Sehnsucht nach der Erfüllung schließt die Sehnsucht nach dem Hinsterben ein: „griechisches Glück“, „Sommer“, „reif“, „neunter Monat“ – damit ist der Aspekt der Erfüllung umschrieben (Z. 4–7). Die andere Seite dieser *coincidentia oppositorum* ist angesprochen in der Wortbildung „Sichel-Sehnsucht“ (Z. 6), in dem Wunsch „Stirb hin“ (Z. 17) und dem Ausruf „Ich falle“ (Z. 21). Sie hat ihre zeitliche Entsprechung in der Betonung des baldigen Endes:

„... Vorletzter Tag ...“ (Z. 7)
„... letzte Mandel ...“ (Z. 8)
„... letzte Geruch ...“ (Z. 24)

Die Bewegung im Raum führt immer abwärts:

„... Reif gesenkt ...“ (Z. 5)
„... stürzt sich auf ...“ (Z. 11)
„... taumelt ...“ (Z. 20)
„... ich falle!“ (Z. 21)

Der zentrale Begriff „Glück“ verbindet sich bei Benn fast immer mit dieser Abwärtsbewegung:

„... Reif gesenkt. Zu griechischem Glück.“ (Z. 5)

In Z. 19 erscheint das Glück als Personifikation. Hier ist die Abwärtsbewegung in dem Nomen „Abhang“ latent mitgegeben. Sie wird in den unmittelbar folgenden Zeilen Realität.

4.4 Else Lasker-Schüler: Dem Barbaren

1912 wurde die dreiundvierzigjährige Dichterin (1869–1945) durch die *Morgue*-Gedichte auf den 17 Jahre jüngeren Gottfried Benn aufmerksam. In einem Brief an den Verleger C. Wolff nennt sie ihn einen „Herculesdichter“. Nach zwei gescheiterten Ehen ohne feste Bindung, immer auf der Suche nach menschlichen und künstlerischen Kontakten, näherte sie sich dem Jüngeren mit der für sie bezeichnenden Direktheit. Wie weit Benn ihrem Werben entgegengekommen ist, bleibt ungewiß.[22] In dem Gedicht *Drohungen* (Erstveröffentlichung 25.6.1913) spricht Benn die Dichterin an:

„Du bist Ruth. Du hast Ähren an deinem Hut.
Dein Nacken ist braun von Makkabäerblut.
Deine Stirn ist fliehend: Du sahst so lange
Über die Mandeln nach Boas aus.
Du trägst sie wie ein Meer, daß nichts Vergossenes
Im Spiel die Erde netzt.“ (49)

Er spielt damit an auf ihre jüdische Abstammung, die sie selbst immer hervorhob und zu einem phantastischen genealogischen Mythos stilisierte: Sie behauptete, sie sei die Reinkarnation des alttestamentarischen Josef.[23] Der Ährenhut verweist auf ihre orientalisierende exotische Kostümierung (die sie sich selbst schneiderte), speziell auf ihren Lieblingshut. Der befremdliche Meer-Vergleich bezieht sich auf ihre metaphorische Selbstdeutung, z. B. in dem an Benn gerichteten Gedicht *Nur Dich*:

„... Immer muß ich wie der Sturm will,
Bin ein Meer ohne Strand". (216)

Benns Gedicht spricht zwar von Liebe:

„... Meine Liebe weiß nur wenig Worte:
Es ist so schön an deinem Blut –" (49)

Aber es ist nicht die personale partnerbezogene Art von Beziehung, die Else Lasker-Schüler anstrebte, sondern jener orgiastisch-dionysische Kult der Ich-Auflösung im animalischen Rausch, den Benn in vielen Gedichten dieser Epoche verherrlicht.:

„... Ich bin Affen-Adam ..."
... Ich treibe Tierliebe" (49)

In einem weiteren Gedicht reagiert Benn auf ein entsprechendes poetisches Bekenntnis der Else Lasker-Schüler. „Ich bin dein Wegrand" – so definiert sie in dem 1913 entstandenen Gedicht *Höre* (213) die Beziehung. Aber selbst diesen bescheidenen Rest von Gemeinsamkeit beseitigt Benn unzweideutig in dem Antwortgedicht *Hier ist kein Trost* (Erstveröffentlichung 10. 10. 1913):

„... Keiner wird mein Wegrand sein." (70)

Das vorliegende Gedicht *Dem Barbaren* entstand nach dem oben zitierten *Höre,* aber vermutlich vor dem 10. 10. 1913. Es ist das vorletzte eines aus 17 Gedichten bestehenden Zyklus „Gottfried Benn" (entstanden 1913, veröffentlicht 1917). Else Lasker-Schüler pflegte alle Freunde mit phantastischen Decknamen zu versehen. Gottfried Benn bedenkt sie mit einer ganzen Reihe von sprechenden Namen, in denen jeweils die aus ihrer Sicht markanten

Persönlichkeitsaspekte hervorgehoben werden. So überschreibt sie mehrere Gedichte des genannten Zyklus mit „Giselheer dem Heiden", „Giselheer dem Knaben", „Giselheer dem König", „Giselheer dem Tiger", womit sie anspielt auf Benns Alter (Giselheer war der jüngste der drei Nibelungen), seine germanische Herkunft, seinen Atheismus und seinen Elan vital (der allerdings nur seine Gedichte, nicht sein reales Leben kennzeichnet). Schließlich widmet sie zwei Gedichte *Dem Barbaren.* In dem vorliegenden Gedicht repräsentieren der Barbar einerseits und Joseph anderseits zwei verschiedene Welten, zwischen denen eine Verbindung letztlich nicht denkbar ist.

Das Thema wird in neun schlicht gebauten Zweizeilern variiert. Sie bestehen vorwiegend aus je einem Hauptsatz von unterschiedlicher Länge. Reim fehlt ebenso wie ein durchgehendes Taktschema. Eine gewisse Rhythmisierung, die poetisches von alltäglichem Sprechen abhebt, entsteht durch die relativ regelmäßige Folge von Betonung und Nichtbetonung. Auf eine betonte Silbe folgen meist entweder eine oder zwei unbetonte Silben; in normaler Prosa kommen hingegen längere Ketten von unbetonten Silben vor. Die jeweils ersten Zeilen umfassen drei bis fünf Takte, die jeweils zweiten schwanken in ihrer Länge stärker – zwischen fünf Takten in Strophe 3 und einem Takt in der Schlußstrophe. Insgesamt wirken die Zeilen formal wenig durchkonstruiert; vielmehr spiegeln sie den spontanen Impetus, aus dem heraus sie entstanden sind. Trotz des fehlenden Reimes eignet der Sprache jedoch eine durchgängige Musikalität, die sie ebenfalls von der Prosa abhebt. Sie wird bewirkt durch häufige Alliterationen („meiner Muscheln" (Z. 16)), anderweitige Anklänge von Vokalen oder Konsonanten („süßen Gürtel" (Z. 14), „erschrockene Rauschen" (Z. 15)). Vor allem die regelmäßige inhaltliche und klangliche Korrespondenz von „meine" und „deine" trägt zu dieser Wirkung bei.

Der Aufbau des Gedichts ist gekennzeichnet durch inhaltliche und grammatische Parataxe. Eine gewisse Binnengliederung ergibt sich dadurch, daß die Strophen 4 und 9 jeweils eine Abrundung enthalten: Während alle anderen Strophen asyndetisch aufgereiht sind, werden diese beiden durch ein einleitendes „Aber" hervorgehoben. Zudem enthalten sie im Gegensatz zu allen anderen Strophen jeweils eine Negation. Die Vergeblichkeit aller Annäherungsbemühungen wird in diesen beiden Strophen so explizit und betont zum Ausdruck gebracht.

Das Gedicht lebt ganz und gar – wie die gesamte lyrische Produktion der Else Lasker-Schüler – von seiner Bildhaftigkeit, einer kühnen, ja bizarren Metaphorik, die zur Verselbständigung vom realen Substrat tendiert. Allerdings ergibt sich dabei keine Verkettung von Metaphern zu einer zusammenhängenden Allegorie, sondern ein Feuerwerk von surreal anmutenden Bildarrangements, die zum Teil nicht einmal mehr visuell realisiert werden können (Beispiel: „Deine diamantnen Träume/schneiden meine Adern auf" (Z. 11 f.)).

Die ersten vier Strophen werden noch durch eine gewisse Konsistenz des Bildfeldes zusammengehalten: Das „Du" wird durch Nennung von Körperteilen vergegenwärtigt („Angesicht" – „Leib" – „Brust" – „Lippen") und wirkt hier durchgehend erdhaft-unbeweglich, ja leblos („deines Leibes Steppe", „deine Lippen sind schwer"). Das „Ich" hingegen erschöpft sich in letztlich fruchtlosen Aktivitäten, die auf Belebung der Beziehung abzielen. Schon die groteske Diskrepanz der Dimensionen und der semantischen Kopplungen läßt die Aussichtslosigkeit des Tuns und das Inferioritätsgefühl des „Ich" erkennen.

Den Höhepunkt an semantischer Gewagtheit bringen die beiden zentralen Strophen 5 und 6. Zunächst fällt auf, daß das Verhältnis von Aktivität und Passivität sowie die Zuordnung von oben und unten ohne Übergang ins Gegenteil verkehrt ist. Das „Du", das vorher als schlafender Gulliver erschien, hat nun aktive Verfügungsgewalt über „Schneehimmel", die auf dem „Ich" lasten – während es in der ersten Strophe noch hieß: „Ich liege ... auf deinem Angesicht."

Von den „Schneehimmeln" spannt sich eine Assoziationsbrücke bis zu den „diamantnen Träumen", einem Oxymoron, das noch dadurch verschärft wird, daß die „diamantnen Träume" in Antithese zu den Lebensadern des „Ich" gestellt werden. In diesem Zusammenhang wird zusätzlich zu den Konnotationen „durchsichtig, funkelnd", die „diamantnen" mit „Schneehimmel" verbinden, die Konnotation „hart, schneidend" aktiviert. Während in den ersten 4 Zweizeilern die unzugängliche Körperlichkeit des „Du" gezeigt wurde, betonen die Strophen 5 und 6 die lebensbedrohende Dominanz des „Du" im geistig-seelischen Bereich. In der 7. und 8. Strophe versucht das „Ich" demgegenüber seine eigenen Qualitäten ins Feld zu führen, um wenigstens einen, wenn auch bescheideneren Selbstwert zu behaupten.

Die späte Selbstvorstellung „Ich bin Joseph" nimmt die orientalisierenden Metaphern der Eingangsstrophen wieder auf. Damit ist auch ein Rückbezug auf eine frühere dichterische Gestaltung erfüllter Liebe im *Palmenlied* (dem zwölften Gedicht des Benn-Zyklus) gegeben:

„... O du Süßgeliebter,
Dein Angesicht ist mein Palmengarten,
Deine Augen sind schimmernde Nile
Lässig um meinen Tanz ..." (214)

Liebesfreuden versprechen indirekt auch der „süße Gürtel" und die „bunte Haut" (eine Bildkontamination mit dem bunten Rock des alttestamentarischen Joseph). Der folgende Hinweis auf „meine Muscheln" (Z. 16) könnte zwar auch in diese Reihe gestellt werden, insofern die Muschel als Emblem der Venus aufgefaßt werden mag. Aber vermutlich steht hier die akustische Qualität („Rauschen") im Vordergrund – eine singuläre Erscheinung in diesem ganz auf optische Elemente aufgebauten Gedicht. Zudem wird das „Rauschen" als einzige Tätigkeit des „Ich" dargestellt, die dem „Du" eine positive Reaktion entlockt. Somit liegt es nahe, diese Chiffre eher auf die poetische Leistung der Else Lasker-Schüler zu beziehen, die Benn ja immer vorbehaltlos und begeistert anerkannt hat. Die Schlußstrophe erweitert das Bildfeld. Das Meer ist bei Else Lasker-Schüler eine konstante Ich-Chiffre, wie sich aus vielen Gedichten und Briefen belegen ließe. „Meer" meint bei Else Lasker-Schüler nicht etwa Lebensfülle im Sinne *Tonio Krögers*, sondern das Fehlen von festen Grenzen und überschaubarem Lebensrahmen, Heimatlosigkeit und grenzenlose Wandelbarkeit des Ich. Der positive Gegenpol zu diesem besonderen Aspekt des Meeres ist das Festland bzw. Ufer oder Strand. Von daher ergibt auch die auf den ersten Blick paradoxe Aussage in dem Gedicht an Adalbert v. Maltzahn, *Dem Herzog von Leipzig*, einen Sinn:

„... Deine Augen sind gestorben:
Du warst so lange auf dem Meer.
Aber auch ich bin Ohne Strand." (224)

Der Bildkomplex „Meer – Muscheln“ ist übrigens schon in einem früheren Gedicht des Benn-Zyklus vorgeprägt:

„... Immer muß ich, wie der Sturm will,
... Bin ein Meer ohne Strand.
Aber seit du meine Muscheln suchst, Leuchtet mein Herz ...“ (216)

In *Dem Barbaren* wird das Bild ins Groteske überzeichnet dadurch, daß dem Herzen des „Du“ die räumliche Kapazität und die personale Entscheidungsfähigkeit zugesprochen wird, Meere in sich einzulassen oder auszuschließen. Ferner impliziert das Bild die Vorstellung von personifizierten Meeren, die ihren natürlichen Ort und damit ihre Identität aufzugeben wünschen. Am meisten befremdet allerdings, daß dem eisigen „Du“-Phantom der ersten 6 Strophen ein Herz (und sei es ein nunmehr verschlossenes) zuerkannt wird.

Man mag es vom ästhetischen Standpunkt bedauern, daß die Dichterin nach dem eindrucksvollen Bild der sechsten Strophe nicht den Schlußstrich gezogen hat. Aber der spontane Ausdruck ihres momentanen Gefühls war ihr immer vorrangig gegenüber ästhetischen Rücksichten. So scheut sie sich nicht, das Gedicht mit der trivialen Emphase des „O du“ ausklingen zu lassen.

Ähnliche Bildbrüche sind für Else Lasker-Schülers Gedichte geradezu charakteristisch. Ein eklatantes Beispiel dafür bietet das vierte Gedicht des Benn-Zyklus:

„... Ich fürchte mich
Vor der schwarzen Erde.
Wie soll ich fort?

Möchte in den Wolken
Begraben sein, überall, wo Sonne wächst, ...“

Unmittelbar auf derart gültige und zeitüberdauernde Bildprägungen, die an Celans Todesfuge gemahnen, folgt ein sprachlich ungestaltetes Telegramm:

„... Liebe dich so!
Du mich auch?
Sag es doch ---“ (205)

4.5 Georg Trakl: An die Schwester

Die oben behandelten Gedichte von Stadler und Benn haben bei aller inhaltlichen Verschiedenheit eins gemeinsam: Sie brechen mit den überkommenen Formmustern von Vers, Strophe, Gedichtform. In diesem Punkt repräsentieren sie in der Tat einen charakteristischen Zug des Expressionismus.

Es hat gewiß seine Richtigkeit, wenn Karl Ludwig Schneider seine Aufsatzsammlung zu „Wort und Bild im Expressionismus" mit „Zerbrochenen Formen" überschreibt (Hamburg: Hoffmann u. Campe 1967). Man würde aber der inneren Spannweite des Expressionismus nicht gerecht, wenn man seine durchaus lebendige Beziehung zur poetischen Formentradition ignorieren wollte. Das folgende Beispiel mag diese Möglichkeit expressionistischen Dichtens aufzeigen.

Trakls Gedicht *An die Schwester* entstand im Winter 1912/1913. Es richtet sich an die vier Jahre jüngere Schwester Grete, mit der Georg Trakl durch eine schicksalhafte Liebesbeziehung und gemeinsamen Drogengenuß verbunden war. Es ist das einzige Gedicht von Georg Trakl, das sich an die Schwester direkt richtet, obwohl die meisten seiner späteren Werke um das Motiv dieser schuldhaften Beziehung kreisen.

Zum Zeitpunkt der Entstehung dieses Gedichts hatte sich Grete von ihrem Bruder gelöst. Sie heiratete 1912 und zog nach Berlin. Die Ehe scheiterte. Grete Langen kam von der Drogensucht nicht frei. Sie starb wenige Jahre nach ihrem Bruder Georg – wie er durch Selbstmord.

Dieses Gedicht verdankt seine dichte Musikalität vermutlich dem Bestreben, der Schwester – einer musikalisch hochbegabten Pianistin – eine adäquate dichterische Komposition als Abschiedsgeschenk zu widmen. Nie sonst hat Trakl so wie hier in reinen Terzinen gedichtet, wobei nicht nur Reimklänge, sondern selbst – mit einer Ausnahme – die Reimwörter wieder aufgenommen werden. Zahlreiche Alliterationen verstärken die Klangfülle. Dabei vermeidet Trakl die aggressive Dynamik, die dem Stabreim oft eignet, indem er die Alliterationen nur in einem vorsichtigen Abstand aufeinander folgen läßt und weiche Laute bevorzugt. So wird die erste Strophe mit einem Netz aus w-Alliterationen überzogen: „Wo – wird – Wild – Weiher". Eine ebenfalls vierfache Alliteration schlägt einen Bogen von der Mitte des Gedichts („Schwermut“, (Z. 5)) bis zum letzten Wort („Stirnenbogen“, (Z. 9)). Es versteht sich fast von selbst, daß Trakl auch mit anderen Lautfolgen musiziert, so etwa mit dem wiederholten „ei“ und „a“: „Einsamer Weiher am Abend./Leise ...“ (Z. 3 f.)

Dem Wohlklang der Verse entspricht das Ebenmaß des gesamten Aufbaus. Die Dreizahl ist geometrisches Bauprinzip. Das Gedicht besteht aus drei Strophen zu je drei Zeilen. Jeweils drei Zeilen haben die gleiche Anzahl von Takten (vorwiegend Zweier- aber auch Dreiertakte): die jeweils erste Zeile der Strophe umfaßt 4, die zweite 5, die dritte 3 Takte. Die Reimwörter lassen sich nach der Anzahl der Wiederholungen dreifach unterscheiden: a) Das Reimwort „tönt“ durchzieht in dreifacher Wiederkehr die erste und zweite Strophe, das Reimwort „-bogen“ analog dazu die zweite und dritte Strophe. b) „Abend“ erscheint zweimal. c) „Karfreitagskind“ steht ohne Reimpaar als „Waise“ allein da, was die inhaltliche Aussage hervorhebt, ja gewissermaßen von der Form her bestätigt.

Das Maß der Terzine ist mit Bedacht gewählt. Durch die jeden Einschnitt überspielende Verkettung der Reime entsteht der Eindruck des Ineinander-Übergehens, der ja auch wesentlich die Aussage bestimmt – vor allem in den ersten beiden Strophen. Das „Du“, Herbst, Abend, Wild und Weiher werden als Einheit erlebt, als „tönender“ Akkord, der sich – in der zweiten Strophe – bis auf die (bei Trakl immer als numinos aufgefaßte) Himmelserscheinung des Vogelflugs ausdehnt. Die besondere Syntax Trakls trägt mit dazu bei, den Eindruck allumfassender Komplexität zu erzeugen: Durch das dreimalige identische Prädikat „tönt“ wird suggeriert, daß ebenfalls die zugehörigen Subjekte eine Einheit darstellen müßten. Versucht man, die Beziehungen der einzelnen Größen des ersten Satzes, der zugleich die erste Strophe bildet, nach grammatischen Kategorien zu beschreiben, so gerät man in unauflösliche Schwierigkeiten. Soll man „Blaues Wild“ als Vokativ klassifizieren? Als verspätete Apposition zu „du“? Als Prädikativum in einer Reihe mit „Herbst und Abend“ und „Einsamer Weiher am Abend“? Kann „Einsamer Weiher am Abend“ als grammatisches Zwillingsglied zu „Abend“ aufgefaßt werden? – Das wäre zumindest unlogisch, wenn nicht ungrammatisch. Grammatisch unüblich ist der Ersatz des Subjekts bei „werden“

durch einen lokalen Gliedsatz, der Realität widersprechend das hier unterstellte Kausalitätsverhältnis. Daß nach dem Vordersatz das zu erwartende Komma fehlt, mag ein Versehen Trakls sein. Doch erscheint dies in Anbetracht der mehrfachen Überarbeitung des Gedichts wenig wahrscheinlich. Jedenfalls hat Trakl durch die Auslassung bewußt oder unbewußt die irrationale Komplexität des Gesamteindrucks verstärkt.

Die Auflösung der Syntax, die Mehrdeutigkeit der Sinnbeziehungen, das Ineinander von Mensch, Tier und Landschaft ist ein wesentliches Charakteristikum der Dichtung Georg Trakls. Diese Stilzüge als Ausdruck eines artistischen Manierismus zu deuten, wäre verfehlt. Wie an *De profundis* vielleicht noch deutlicher zu sehen sein wird, entsprechen sie einer persönlichen Erlebnisweise Trakls.

Wie immer man die syntaktischen Beziehungen der ersten Strophe auffassen mag, eins steht außer Zweifel: Das „Du" der ersten Zeile ruft beim lyrischen Sprecher das Bild des „blauen Wildes" hervor. Daß das „blaue Wild" in der Bildersprache Trakls die geliebte Schwester meinen kann, zeigt das spätere Gedicht *Sommersneige*:

„... Der grüne Sommer ist so leise
Geworden und es läutet der Schritt
Der Fremdlings durch die silberne Nacht.
Gedächte ein blaues Wild seines Pfads,
Des Wohllaut seiner geistlichen Jahre!" (75)

Hier wie dort – und in anderen Gedichten, die zu zitieren aus Platzgründen nicht möglich ist (z. B. in *Abendlied,* 38) – erscheint die Schwester als Erinnerungsbild, in blaue Ferne entrückt, mehrfach in Verbindung mit einer harmonischen Klang-Erinnerung:

„... Immer tönt der Schwester mondene Stimme
Durch die geistliche Nacht."

(*Geistliche Dämmerung*, 66)

Über die besondere Bevorzugung der Farbe Blau durch die meisten expressionistischen Maler und Lyriker wäre viel zu sagen. Schon in der Selbstbezeichnung der berühmten Malergruppe „Der Blaue Reiter" (gegründet 1911) hat sie programmatische Bedeutung. Blau ist die Farbe des Meeres und des Himmels. Für die

Expressionisten wird sie zur Farbe der elementaren Unendlichkeit – so bei Benn:

„... Fernes Glück: ein Sterben
Hin in des Meers erlösend tiefes Blau."

(*Untergrundbahn*, 57)

Für Benn versteht sich Blau als Symbolfarbe dionysischer Ich-Entgrenzung: „... Du, wir reisen:/Tyrrhenisches Meer. Ein frevelhaftes Blau ..." (*Englisches Café*, 55). Eher kosmisch-metaphysische Bezüge gewinnt das Blau bei Else Lasker-Schüler:

„... Auf deiner blauen Seele
Setzen sich die Sterne zur Nacht.

Man muß leise mit dir sein,
O, du mein Tempel,
meine Gebete erschrecken dich ..."

(*An den Prinzen Tristan*, 194)

Von hier ist nur ein Schritt zur Farbsymbolik des Malers Franz Marc, mit dem Else Lasker-Schüler befreundet war. Bei ihm werden vor allem Tiere zum Träger dieser Farbe als Ausdruck naturhafter Unschuld.

Auch Trakl verwendet Blau – wenn man von der „realistischen" Farbgebung einiger früher Gedichte absieht – fast immer als ausdrucksstarke Symbolfarbe. Blau kann „Heiligkeit" konnotieren:

„... Des Unbewegten Odem. Ein Tiergesicht
Erstarrt vor Bläue, ihrer Heiligkeit."

(*Nachtlied*, 40)

Im letzten der drei *Rosenkranzlieder* (deren erstes *An die Schwester* ist) verbinden sich in der für Trakl charakteristischen Polyvalenz mehrere Bedeutungselemente:

„Braune Perlen rinnen durch die erstorbenen Finger.
In der Stille
Tun sich eines Engels blaue Mohnaugen auf.

Blau ist auch der Abend;
Die Stunde unseres Absterbens, Azraels Schatten, ..."

(*Amen*, 34)

Blau ist die Farbe des Abends und zugleich des Todesengels, Azrael. Auf das Absterben verweist hier vorweg die Entrückung im Rausch („eines Engels blaue Mohnaugen") so wie etwa in *Unterwegs*:

„Deine Lider sind schwer von Mohn und träumen leise auf meiner Stirne.
Sanfte Glocken durchzittern die Brust. Eine blaue Wolke
Ist dein Antlitz auf mich gesunken in der Dämmerung." (48)

In *Verklärung* klingt zusätzlich ein zentrales Motiv der Romantik – die „blaue Blume" – an. In Novalis' Roman *Heinrich von Ofterdingen* erblickt der Held im Traum einen blauen Blumenkelch, aus dem ihm ein Mädchengesicht entgegenschaut, wie er später erkennt, das Gesicht seiner Geliebten. Man deutet das Motiv im allgemeinen als Ausdruck romantischer Sehnsucht nach unendlicher Vereinigung von Mensch und Natur. Daß Trakl hier bewußt auf Novalis anspielt, beweist auch der Kontext „in vergilbtem Gestein" – ein Hinweis auf die Felsenhöhle in Novalis' Roman:

„... Stille wohnt
An deinem Mund herbstlicher Mond,
trunken von Mohnsaft dunkler Gesang:
Blaue Blume,
Die leise tönt in vergilbtem Gestein" (67)

Allerdings werden Tod und Entrückung nicht ausschließlich als „Verklärung" erlebt, sondern im Gegenteil als „Verwesung" und „Pest":

„... Lasset das Lied auch des Knaben gedenken,
Seines Wahnsinns ...
Des Verwesten, der bläulich die Augen aufschlägt ..."
(*Drei Blicke in einen Opal*, 43)

oder:

„... Aus verwesender Bläue trat die bleiche Gestalt der Schwester ..."
(*Offenbarung und Untergang*, 95)

Der Exkurs mag zur Interpretation des einzelnen Gedichts allzu ausführlich scheinen. Aber über die Bedeutung der Farben bei Trakl gibt es in der Forschung derart divergierende Auffassungen, daß eine exemplarische Klärung notwendig ist. Fassen wir die Ergebnisse des Vergleichs zusammen: Der Ausdruckswert der Farbe läßt sich nicht denotativ vereindeutigen wie etwa die emblematische Farbbedeutung barocker Dichtung. Anderseits kann man auch nicht von „absoluter" Farbgebung sprechen, denn der Umkreis der vorkommenden Konnotationen ist eingrenzbar. Allerdings ist deren Spielraum ungemein weit. Der Verstehenszugang wird vor allem erschwert durch die bei Trakl so unvermittelt auftretenden Umpolungen der emotionalen, ethischen und ästhetischen *Wertung,* die sich mit dem Bild verbindet. Ob und wieweit Trakl selbst in einem konkreten Textzusammenhang alle diese latenten Konnotationen sozusagen als semantischen Akkord „mitgehört" hat, läßt sich schwerlich nachweisen. Auf jeden Fall werden in einem gegebenen Kontext bestimmte Konnotationen den Grundton, andere eher die Obertöne bilden.

Den engsten Kontext zu „blaues" bildet das zugehörige Nomen „Wild". „Wild" tritt in Trakls Gedichten immer als todgeweihtes Opfer in Erscheinung, in dem verhältnismäßig frühen Gedicht *Im Winter* noch realitätsnah als Opfer der Jagd:

„... Und Jäger steigen nieder vom Wald ...
Ein Wild verblutet sanft am Rain ..." (23)

In einem späteren Gedicht bleibt der Täter im dunkeln:

„... Ein sanftes Glockenspiel tönt in Elis' Brust
Am Abend,
Da sein Haupt in schwarze Kissen sinkt.
Ein blaues Wild
Blutet leise im Dornengestrüpp.
Ein brauner Baum steht abgeschieden da ..."
(*Elis,* 3. Fassung, 2. Gedicht, 51)

Darüber hinaus ist der gesamte dreiteilige Zyklus der *Rosenkranzlieder* auf „Nähe des Todes" (Titel des mittleren Gedichts) gestimmt. Der „Abend" wird im dritten Gedicht mit der „Stunde unseres Absterbens" (34) umschrieben. Der „Weiher" füllt sich (in der 3. Zeile des zweiten Gedichts) mit „verpesteten Seufzern".

Wenn man aus dem Gesamtwerk Trakls den Nullpunkt seines existentiellen Koordinatensystems rekonstruieren wollte, so würde man als Ort den Weiher (im einsamen Garten, unter Bäumen) und als Zeit den Herbstabend (Dämmerung, Nacht) bestimmen können. Daß es sich um einen einzigen konstanten Erlebniskomplex handelt, läßt die häufige Zusammensetzung „Abendweiher" (z. B. 51, 75, 76) erkennen. Dabei handelt es sich nie um „einen" Weiher, sondern um „den" Weiher. In *An die Schwester* wird „einsamer Weiher" ungrammatisch ohne jeglichen Artikel gesetzt und gewinnt dadurch evokativen Charakter. Von einem Sonderfall (Prosakomplex „Verwandlung des Bösen", 56) abgesehen, sind dem Weiher nie andere Menschen zugeordnet als das Ich (bzw. dessen Identifikationsfigur) und mitunter die Schwester.[24] Mit dem Weiher assoziiert sind häufig die (Schicksals-)Sterne des Ich (bzw. des „Wir"). „Der Sternenweiher" ist magischer Ort eines rauschhaften Alleinheitserlebnisses:

„... Auf schwarzer Wolke
Befährst du trunken von Mohn
Den nächtigen Weiher,
den Sternenhimmel ..."

(*Geistliche Dämmerung*, 66)

In einem Gedichtkomplex, den Killy und Szklenar (Georg Trakl – Das dichterische Werk. a. a. O.) als Vorstufe der *Rosenkranzlieder* betrachten und der ebenfalls aus dem Winter 1912/13 stammt, findet sich jedoch eine diametral entgegengesetzte Sicht:

„... Mit Schnee und Aussatz füllt sich die kranke Seele
Da sie am Abend dem Wahnsinn der Nymphe lauscht,
den dunklen Flöten (...) im dürren Rohr;
Finster ihr Bild im Sternenweiher beschaut;

Stille verwest die Magd im Dornenbusch ..."

(*Lange lauscht der Mönch ...*, 230)

In der Endfassung des Gedichts *An die Schwester* scheint der „einsame Weiher" im Zusammenhang mit den anderen Bildelementen der ersten Strophe und dem Wohllaut der Verse eine numinose Harmonie auszustrahlen. Aber in dem folgenden *Rosenkranzgedicht* erfolgt der jähe Umschlag:

„... Der Weiher unter den Weiden
Füllt sich mit den verpesteten Seufzern der Schwermut ..."

(*Nähe des Todes*, 34)

Allerdings kündigt sich die Verdüsterung schon – wie so oft bei Trakl – in der Mitte des ersten Gedichts an: Augen, Mund und

Stirn der Geliebten – eine Trias, die dem Stilprinzip des Gedichts entspricht – bilden den realen Ausgangspunkt der Charakterisierung.

Das „Lächeln" – an sich positiv korrespondierend mit dem „Tönen" – wird durch das Attribut „geschmälert". Die „Schwermut" will im vollen Sinne des Wortes verstanden werden, wie die oben zitierte erste Strophe von *Nähe des Todes* zeigt. In einer Vorstufe hat Trakl statt „Schwermut" „Wahnsinn" erwogen. Offenbar haben die beiden Begriffe für ihn affine Bedeutung. Vielleicht entspricht die sanfte Melancholie der Schwermut eher dem Bild als die unkontrollierte Dynamik des Wahnsinns. Vielleicht spricht auch die reichere Alliterationsmöglichkeit mit der folgenden Zeile für „Schwermut".

Die letzte Strophe wird mit einem erschreckenden Bild eröffnet: Das Verbiegen der zarten Augenlider hat etwas Gewalttätiges. Zudem wirken die Lider wie etwas Gegenständliches, möglicherweise Metallisches, das „verbogen" werden kann. Das Perfekt – übrigens das einzige in einem durchgehenden Präsens-Kontext – läßt den Vorgang als abgeschlossen, den „Defekt" als endgültig erscheinen. Das Schockierendste aber: Gott ist der Gewalttäter. Die nächtliche Heimsuchung durch die Sterne verstärkt den Eindruck, daß das „Karfreitagskind" unter einem Unstern geboren und seine Stirn von einem Fluch gekennzeichnet ist. „Karfreitagskind" ist keine biographische Anspielung auf den Geburtstermin, sondern ein Hinweis darauf, daß dieses Kind im Zeichen der Passion geboren und zu einer Passion bestimmt ist.

4.6 Georg Heym: Der Gott der Stadt

Georg Heym (1887–1912) schrieb dieses Gedicht, das zu einem seiner bekanntesten werden sollte, und das er zu seinen besten zählte, etwa ein Jahr vor seinem frühzeitigen Tod; er ertrank am 16. 1. 1912 in der Havel, als er seinen beim Eislauf eingebrochenen Freund Ernst Balcke retten wollte. Im Verlauf des Jahres 1910 hatte sich Heym intensiv mit dem Motiv der Stadt befaßt. So entstanden u.a. die acht Sonette, die alle Berlin zum Gegenstand haben. *Der Gott der Stadt* war das letzte Gedicht dieses Jahres (Reinschrift am 30. 12. 1910), das sich mit diesem Thema befaßte.

Gerade an diesen Stadtgedichten läßt sich Heyms rapide Entwicklung von impressionistisch anmutenden Anfängen zur kühnen expressionistischen Vision verfolgen: Die ersten Berlin-Sonette spiegeln noch das konkrete persönliche Erlebnis – z. B. der Bootsfahrt auf dem Kanal *(Berlin I)*. Das lyrische Ich ist als Beobachter mit im Bild. Die Großstadt wird aus begrenzter Perspektive – zunächst von einem ausgesprochen niedrig gelegenen Punkte aus – relativ realistisch gesehen, sei es vom Boot her, das unter Brücken hindurchfährt *(Berlin I)*, oder vom Straßenrand aus, „auf dem wir lagen" *(Berlin II)*. Zwar kündigt sich schon am Schluß des ersten Berlin-Sonetts hintergründige Bedrohung des Idylls an („In dem Idylle/Sahn wir der Riesenschlote Nachtfanale")[25], aber in der Bildlichkeit fehlen die Züge der Personifizierung bzw. Dämonisierung noch völlig. Im zweiten Berlin-Sonett findet sich eine erste – wenn auch nicht gänzlich neuartige – Metapher: „Riesensteinmeer".[26] Erst mit *Berlin III* entwickeln sich zunehmend groteske und visionäre Züge, die sich mit dem Untergangsmotiv verbinden:

„Schornsteine stehn in großem Zwischenraum/
Im Wintertag, und tragen seine Last,
des schwarzen Himmels dunkelnden Palast.
Wie goldne Stufe brennt sein niedrer Saum. (1. Str.)
...
Ein Armenkirchhof ragt, schwarz, Stein an Stein,
Die Toten schaun den roten Untergang
Aus ihrem Loch. Er schmeckt wie Wein." (3. Str.)[27]

In dem am 20. 12. 1910 entstandenen Gedicht *Die Dämonen der Städte* wird die Realität zu einer Horrorvision verfremdet, deren Scheußlichkeit die späteren *Morgue*-Gedichte Benns übertrifft. Im Hinblick auf den *Gott der Stadt* ist hier lediglich festzuhalten, daß die Pluralisierung den Zug ins Globale verrät, der dann im *Gott der Stadt* zur absoluten Generalisierung führt, die alle Städte der Welt einbezieht. Auch das Tanzmotiv ist schon ausgebildet: „Um ihre Füße kreist das Ritornell/Des Städtemeers mit trauriger Musik".[28] Betont wird ganz auffällig die Dynamik in der Vertikalen:

„Einer steht auf. Dem weißen Monde hängt/
Er eine schwarze Larve vor" (7. Str.)

…
Doch die Dämonen wachsen riesengroß.
Ihr Schläfenhorn zerreißt den Himmel rot" (letzte Str.)[29]

Schauplatz und Perspektive sind in diesem zwölfstrophigen Gedicht, das balladenhafte Elemente einschließt (z. B. die Geburt des kopflosen Kindes), uneinheitlich. Menschliche Details in ausschnitthafter Nah-Perspektive wechseln mit kosmischer Totale.

Verglichen mit den *Dämonen der Städte* wirkt *Der Gott der Stadt* fast schon wieder klassisch in seiner Einheitlichkeit von Perspektive, Figur und Geschehen. Der Blick des impliziten lyrischen Sprechers ist durchgehend auf die alle menschlichen Dimensionen übersteigende Gestalt des Baal gerichtet. Er wird als alleiniger Herrschergott dargestellt, dessen zerstörerische Willkürherrschaft keinen Gegenspieler und kein Gegenprinzip kennt.

Allein schon durch die Namengebung wird das Wesen des Gottes bestimmt: Baal (= hebräisch „Herr") war der Begriff für „Gott" bei den westsemitischen Völkern. Aus der Bibel bekannt geworden ist der Kampf der israelitischen Propheten gegen Baal (bzw. Moloch), den Stadtgott von Tyrus. Jede phönikische Stadt hatte ihren Stadt-Baal. Um den göttlichen Herrscher, der offenbar vorwiegend finster-dämonische Züge trug, gnädig zu stimmen, wurden in dem bronzenen Standbild des Gottes, das von den Priestern erhitzt wurde, lebende Kinder geopfert. Als z. B. Agathokles von Syrakus 310 v. Chr. Karthago belagerte, wurden dem karthagischen Baal angeblich 500 Kinder geopfert. Während einer allgemeinen Orgie mit greller Musik und ekstatischen Riten, bei denen sich die Priester geißelten und die Wangen aufschlitzten, wurden die Kinder in den glühenden Schlund des Baal befördert. Flaubert hat in seinem historischen Roman *Salambo* (1888) eine solche Szene aus dem Jahre 240 v. Chr. geschildert. Man kann davon ausgehen, daß auch der junge Heym, der wie fast alle deutschen Expressionisten aus dem Bildungsbürgertum stammte und das humanistische Gymnasium durchlaufen hatte, sich über den gesamten mythologischen Vorstellungsumkreis der Bezeichnung „Baal" im klaren war. Ebenso darf man annehmen, daß er nicht rein versehentlich die „Korybanten" – Priester der phrygischen Göttin Kybele, der „Großen Mutter", deren Kult schon in voraugusteischer Zeit auch in Rom Eingang gefunden hatte – mit Baalspriestern gleichsetzt. Zwei Gründe mögen für diese synkretistische Zusammenziehung maßgeblich gewesen sein: Das selbstzerstörerische Element in den Kultgepflogenheiten der Korybanten ging weiter als das der Baalspriester: Auf dem Höhepunkt der orgiastischen Selbstzerfleischung entmannten sich manche Kybelepriester selbst. Außerdem will ja Heym dem Baalsbild überregionale und überzeitliche Bedeutung verleihen: Der phönizische Baal – der phrygische Kybelekult – die Kirchenglocken und Türme als Symbole der christlichen Tradition – der Wolken-Weihrauch der Fabrikschlote als Ausdruck einer neuen Fortschrittsreligion – das alles mag ja eine historisch unerlaubte Klitterung sein, aber sie hat ihre intentionale Stimmigkeit. In Heyms Weltsicht ist für den zuversichtlichen positivistischen Fortschrittsglauben der meisten seiner Zeitgenossen kein Platz. Er erlebt die moderne Zivilisation als irrationalen, selbstzerstörerischen Dämonenkult, als latente Apokalypse. Gewiß stand Heym im Jahre 1910, als der Komet Halley sich dem Planeten Erde bedrohlich näherte (wie dies alle 66 Jahre zu geschehen pflegt), mit düsteren Endzeitahnungen nicht allein da. Im gleichen Jahr hatte sein Dichterfreund aus dem Kreise der Neopathetiker, Jakob van Hoddis, sein aufsehenerregendes Gedicht *Weltende* (veröffentlicht im Januar 1911) geschrieben, das in zwei kurzen Strophen die Apokalypse kabarettistisch-lustvoll antizipiert. Aber an künstlerischer Geschlossenheit und Überzeugungskraft übertrifft Heyms Vision alle thematisch vergleichbaren Versuche seiner jungen Dichterkollegen des Berliner Neopathetischen Cabarets – zu nennen wären außer van Hoddis vor allem Alfred Lichtenstein und Ernst Blass – bei weitem.

Trotz der Irrealität des Motivs und der Chaotik des Geschehens ist das Gedicht gekennzeichnet durch außerordentlich strenge Form und Bildarchitektur:

Die fünf jambischen Vierzeiler führen stufenweise von einer statischen Ausgangssituation bis hin zur katastrophalen Dynamik der Schlußstrophe. Die bei Heym nicht gerade häufige Fünfstrophigkeit mag in diesem Fall an den Ablauf eines klassischen Dramas erinnern. In der Exposition wird die personificatio des dämonischen Geistes der Zivilisation in wenigen wuchtigen Kohlestrichen entworfen. Die erste Zeile des Gedichts zeigt ein plumpes, brutales Monster von ungeheurer Größe, wobei zunächst die Dimension der Breite durch die ungewöhnliche Satzstellung des

Adjektivs „breit“ – das hier grammatisch unüblich als Adverbiale auftritt – in den Blick gerückt wird. Der Ungenannte – mag seine Haltung auch durchaus nichts Majestätisch-Königliches, sondern eher etwas Metzgerhaftes haben – ist unangefochtener Herr über das, was er „besitzt“. Durch die ungeheure Diskrepanz der Größenverhältnisse verschwinden die Menschen, die ja doch die eigentlichen „Inhaber“ der Stadt sein sollten, zu einem wahren Nichts. Auch in den folgenden Akten des Dramas tritt nirgends ein Mensch etwa als Gegenspieler oder Opfer aus dieser Nichtigkeit hervor. Naturerscheinungen erhalten animalisches Leben („Winde lagern, 1,2 – „Stürme flattern“, 4.3), Gegenständliches wird personifiziert und in Bewegung versetzt („Wo fern in Einsamkeit/Die letzten Häuser ... verirrn“, 1.3–4, „Die großen Städte knien“, 2.2), doch Menschen kommen nie ins Bild; Schall und Rauch („Musik der Millionen“, 3.1 – „Der Schlote Rauch“, 3.3) erinnern lediglich indirekt an ihre Existenz.

Wo steht, so fragt man sich unwillkürlich, der implizite lyrische Sprecher? Offenbar in einer solchen Distanz zu den Menschen, daß er sie nicht wahrnimmt, obwohl er doch zu ihnen gehören sollte! Offenbar hat das lyrische Ich seinen fiktiven Standort weit außerhalb und „oberhalb“ menschlicher Gemeinschaft – eine Einstellung, die, man wird es zugeben müssen, Heym selbst durchaus nicht fremd war. Der visionäre Blick des lyrischen Ich ist – um zu dem Eingangsbild zurückzukehren – ganz auf die Erscheinung des Dämons fixiert – so wie alle wahrgenommenen Objekte zu ihm in Beziehung zu stehen und nur durch diese Beziehung existent zu sein scheinen; z. B. Wetter- und Lichterscheinungen: „Die Winde lagern schwarz um seine Stirn“ (1.2) – „Vom Abend glänzt der rote Bauch dem Baal“ (2.1). Weitere und noch eindrucksvollere Belege weist die vierte Strophe auf. Lediglich die „letzten Häuser“ (1.4), die sich in zentrifugaler Bewegung an den Rand der Städtewelt verirren, ziehen durch ihre mangelnde „Linientreue“ die Aufmerksamkeit auf sich: „Er schaut voll Wut“ (1.3). Eigentlich, so verlangt es die Logik, müßte das Strafgericht des Tyrannen sie vernichten, und nicht etwa die konforme Kultgemeinde, deren Musik „durch die Straßen“ (3.2) tönt. Doch eben sie trifft es: „Ein Meer von Feuer jagt durch eine Straße“ (5.2–3).

Mit diesem Ausblick haben wir wiederum über die Exposition hinaus vorgegriffen. Kehren wir zu dem Eingangsbild zurück.

Wir haben gesehen, wie in der 1. Zeile die Dimension der Breite hervorgehoben wurde. In der 2. Zeile kommt nun die zweite Dimension, die Höhe, zur Geltung, wenn ätherische Phänomene wie „die Winde“ (man beachte den Plural, der die Erscheinung über den Bereich der Realität hinaushebt) seiner „Stirn“ zugeordnet werden. In der 3. und 4. Zeile kommt die für sehr viele Landschaftsgedichte Heyms so konstitutive dritte Dimension der räumlichen Tiefe hinzu, deren Erstreckung durch die entsprechend gerichtete Bewegung des Blicks und die Fluchtbewegung der Häuser fühlbar gemacht wird.

Noch befindet sich der Dämon in äußerlicher Ruhestellung, in geradezu unnatürlicher Bewegungslosigkeit, da doch die „Wut“ von gefährlicher innerer Bewegung kündet, die nach Entladung schreit. Wie bewußt Heym diese Situation herausgearbeitet hat, zeigt ein Vergleich mit früheren Fassungen:[30]

I „Er sitzt auf einem großen Häuserblocke
Und fächelt sich mit Sturm die Eisenstirn“[31]

II „Auf einem ganzen Stadtteil sitzt er breit.
Und fächelt sich mit Schneeluft seine Stirn,“[32]

Zur 1. Zeile: Die eigentliche Bildvorstellung ist von Anfang an da, aber der Formulierung fehlt es noch an visueller und rhythmischer Suggestivität. Die syntaktische Normalstellung in Verbindung mit regelmäßigen Jamben ergibt einen spannungsarmen Tonbogen. Die klingende Kadenz schwingt unauffällig aus.

Die Zweitfassung gibt Spannung und Härten: Das Subjekt wird zunächst vorenthalten, das entspricht der Aussageintention des Satzes und weckt Erwartungshaltung. Das vom Sinn her unbetonte „einem“ als erste Hebung des Verses verhindert durch die Divergenz von Takt- und Sinnakzent sofortige „Taktsicherheit“, die in der ersten Fassung durch das taktmäßig überdeutliche „Er sitzt...“ sofort hergestellt war. Ein großer Gewinn an Bildhaftigkeit und rhythmischem Nachdruck wird durch das syntaktisch überraschend an den Satz- und Versschluß gepflanzte „breit“ erzielt: Das Wort zieht eine Starkbetonung an sich. Die stumpfe Kadenz pendelt nicht aus, sondern hält die Vorwärtsbewegung an und läßt die Wortbedeutung zur Intensivwirkung kommen.

Mit dem „großen Häuserblocke" glaubt Heym die Proportionen noch nicht genügend zum Ausdruck gebracht zu haben, also versucht er eine quantitative Steigerung: „Auf einem ganzen Stadtteil" – aber das Bild wird blasser, rationaler. Daher streicht Heym in der nächsten Fassung diese Version und kehrt zu dem von Bild und Wortklang wuchtigeren „Häuserblock" zurück, setzt ihn nun wie ein Portal als auffallendes Eingangsbild und verzichtet auf das Attribut „groß" – in der richtigen ästhetischen Erkenntnis, daß eine visuelle Qualität, die einem gegebenen Bild eo ipso inhärent ist, an Wirksamkeit eher verliert, wenn man mit unnötigen Worten eigens auf sie hinweist.

Zur 2. Zeile: Das „Fächeln" der beiden ersten Fassungen soll die vorerst noch schwache, ungerichtete Bewegung der Luft um die Stirn des Gottes wiedergeben. Es hat den Nachteil, daß es allzu damenhaft harmlos und so im Zusammenhang mit der Figur allenfalls grotesk wirkt. „Die Winde lagern schwarz ..." verschärft das Bedrohliche durch den Farbwert und die Bedeutungsmerkmale von „lagern": Ein Heer, das vor dem Angriffsziel verhält, lagert. Die „Winde" werden so rückwirkend zu aggressiven Mächten – etwa im Sinne der antiken Mythologie – stilisiert: außerdem treten sie als Subjekte auf. Das verleiht ihnen im Vergleich zu den instrumentellen Adverbialien „mit Sturm" bzw. „mit Schneeluft" größere Eigendynamik. Die an sich für den Gott des eisernen Zeitalters passende Paradox-Metapher „Eisenstirn" wird schließlich zurückgenommen, vermutlich weil sie doch zu leicht die Assoziation auf die metallene Götzenstatue des phönizischen Baal hin lenkt und ihm so den Charakter der Lebendigkeit nimmt. Insgesamt gesehen hat Heym die Statik des Eingangsbildes entschiedener hervorgehoben – und zwar als spannungsgeladene Ruhe vor dem unvermeidlichen Sturm. Damit wird das Gefälle zu der Dramatik der beiden letzten Strophen vergrößert; vielleicht war dieser Effekt das Hauptziel der Umarbeitung der 2. Zeile.

Nachdem die 1. Strophe „stand", wurde die 2. Strophe – abgesehen von der 1. Zeile – gleich in der Endfassung niedergeschrieben. Die 1. Zeile lautete zunächst: „Es glänzt sein weißer Bauch. Der große Baal." Es scheint, daß Heym zunächst als Farbattribut des Gottes das Weiß (das ja auch in „Schneeluft" implizit enthalten ist) vorschwebte – für Heym erklärtermaßen die Leichenfarbe schlechthin. Dann hat sich Heym aber entschieden, das Apokalyptisch-Bedrohliche des Dämons durch die konsequente Farbkombination Schwarz-Rot auszudrücken. Das Schwarz bildet dabei eher Umgebung und Hintergrund, das dynamische Rot (zum Teil als indirekte Farbvorstellung gegeben in „Meer von Feuer" und „Glutqualm", 5.2–3) wird zweimal (2. und letzte Strophe) effektvoll mit diesem Hintergrund kontrastiert.

Bisher war fast ausschließlich vom Bild des Gottes die Rede, weil der Blick des lyrischen Sprechers in erster Linie dieser Figur gilt. In 2.2 erst wird die Kultgemeinde des Gottes – die Gesamtheit der großen Städte – erwähnt. Der rote Bauch des Baal erglänzt – ein Zeichen dafür, daß der gefräßige Gott seine Menschenopfer erwartet. Die Kultzeremonie beginnt: Die Städte knien – um den Gott herum im Kreis angeordnet – nieder. Während die Vision des Gottes kein einziges akustisches Element enthält (dieser Gott kommuniziert nicht mit seinen Anhängern), wird die Kultgemeinde vor allem als Schallmasse dargestellt. Kirchenglocken und Verkehrslärm verbinden sich zu einer orgiastischen Sphärenmusik.

Die Universalität des Vorgangs wird durch die Meermetapher (hier nicht, wie schon vor Heym üblich, auf die Großstadt an sich, sondern extrem hyperbolisch auf die Türme bezogen) und durch die Hervorhebung der „ungeheuren Zahl" angezeigt. Die gewagte synästhetische Zusammenziehung in 2.3–4, die kühne semantische Fehlkoppelung „Zahl" – „wogt", die pathetisch-archaisierenden vorangestellten Genitive, „der Kirchenglocken ungeheure Zahl" und „schwarzer Türme Meer" (hier unterstrichen durch die Ellipse des Artikels), und schließlich die Überhöhung des „wogen" zum Neologismus „aufwogen" verleihen der Sprache dieser Strophe geradezu orgiastische Züge. Die dritte Strophe wirkt durch ihre überdeutliche Rhetorik weniger monumental, so etwa durch die Dreifach-Gleichung: „Der Schlote Rauch" = „Wolken der Fabrik" = „Dunst von Weihrauch". Die in dieser Strophe erstmalig eingesetzten Vergleiche („wie Korybantentanz" und „wie Dunst von Weihrauch") lassen eine gewisse rationale Distanz aufkommen, die in den Metaphern der vorherigen Strophen ausgeschaltet worden war.

Von der Gedicht-Handlung her betrachtet scheint diese dritte Szene, die zugleich die Mittelachse des Gedichts bildet, die Wendung zum Guten zu bringen. Der Fabrik-Weihrauch „zieht auf zu ihm“ – das Opfer scheint dem Gott genehm zu sein. Das abschließende Verb „blaut“ verbindet Bewegung, Farbwert und Gefühlswert. Einzig an dieser Stelle wird das drohende Schwarz-Rot von einer Farbe durchbrochen, die mit dem Gefühl der Weite, damit auch der Befreiung in Verbindung gebracht werden kann.

Doch die vorletzte Strophe leitet die Peripetie ein. Der Blick fällt wieder auf den Gott des Eingangsbildes. Tragende Bildelemente werden wieder aufgenommen, aber nun in dynamisch gesteigerter Form:

Aus Abenddämmerung (2.1) wird Nacht, und zwar in gewaltsam-unheilverkündender Weise: „Der dunkle Abend wird in Nacht betäubt“ (4.2).

„Winde“ (1.2) werden zu „Stürmen“ (4.3); sie lagern nicht mehr, sondern flattern. Durch den Vergleich „wie Geier“ werden sie zu Todesvögeln umstilisiert.

Lag die „Wut“ (1.3) zunächst nur in dem Blick des Gottes, so „sträubt“ sich nun „im Zorne“ (4.4) das Haupthaar des Gottes.

Die 5. Strophe bringt den endgültigen Ausbruch der Katastrophe. Das Detailbild der „Fleischerfaust“ prägt sich gerade durch isolierte Großaufnahme als Symbol ein. Die Meermetapher, die in der zweiten Strophe schon auftauchte, wird nun auf das Feuer bezogen und aktiviert: „Ein Meer … jagt“. Die dichte Folge bewegungsstarker Verben („streckt – schüttelt – jagt – braust – frißt“) trägt zur Dramatik wesentlich bei. Wenn schon im ganzen Gedicht stumpfe Reimkadenz dominiert (auch die einzige klingende Kadenz in Strophe 4, „Augenbrauen“ – „schauen“, kann durch Synkope des e-Lautes als stumpfe gelesen werden), so wirkt der viermalige Explosivlaut am Wortende der Reime in der fünften Strophe besonders hart. Außerdem weist keine andere Strophe in ihrem Innern derart schroff-erregte Zäsuren auf wie eben die fünfte.

4.7
Georg Trakl: Unterwegs

Trakls lyrische Anfänge vor 1908 wirken epigonal. Hofmannsthal, George und andere Jugendstildichter schimmern als Vorbilder durch die schwülstige Pubertätslyrik des gescheiterten Pennälers hindurch. 1908 lernte Trakl die Gedichte Rimbauds in der Übersetzung von K. L. Ammer kennen, die seiner weiteren poetischen Entwicklung wichtige Impulse gaben. Der eigentümliche, unverwechselbare Trakl-Ton eignet andeutungsweise schon vereinzelten Gedichten von 1909 an, findet aber seine Vollendung erst in den Gedichten der Jahre 1912 und 1913. Das Gedicht *Unterwegs* (1. und 2. Fassung) entstand im Jahre 1912. Obwohl es nicht zu den bekannteren bzw. von Trakl selbst veröffentlichten Gedichten gehört, fasziniert es durch seinen atmosphärischen Reiz. Es wurde vor allem deshalb zur Interpretation herangezogen, weil sich in den beiden Fassungen exemplarisch individuelle und kollektive Stiltendenzen – der Übergang impressionistischer Sehweise zu expressionistischem Ausdruckswillen – aufzeigen lassen.[33]

Die Betrachtung geht von der 1. Fassung aus: Daß es sich um ein Stadtgedicht handelt, läßt der Titel noch nicht erkennen. Er betont eher das Transitorische, Standortlose der Perspektive. Inhaltliche Details wie Fabriken, Stahltürme, Arbeiter, Volksbäder kennzeichnen aber das Sujet als moderne, industrialisierte und technisierte Großstadt. Der Kanal – es könnte der Donaukanal sein –, das Kaffeehaus, die fast schon orientalischen Bazare, Konzerte, grüne Kuppeln, insbesondere das Opernhaus weisen auf eine bestimmte, Trakl wohlvertraute Großstadt als realen Bezugspunkt des lyrischen Bildes hin: Wien bietet diese Kombination von Bildelementen. In Wien hatte Trakl von 1908–1910 Pharmazie studiert und 1910–1911 seine militärische Präsenz abgeleistet. Er kannte – und haßte – Wien, wie aus mehreren Äußerungen Trakls hervorgeht. Ein Vergleich zu Heyms Großstadtgedicht drängt sich auf: Beide Gedichte atmen Unheil, Zerstörung und Tod. Aber die Perspektive ist konträr. Das implizite lyrische Ich des Heym-Gedichts nimmt einen quasi olympischen Standort weit über dem Städtemeer ein, die Perspektive bleibt einheitlich, zentralistisch; Details der Stadt sind zu fern, um wahrgenommen zu werden. Trakls *Unterwegs* setzt sich aus einem außerordentlich bunten, desorientierenden Mosaik von optischen Einzelimpressionen, teils aus Nahsicht („ein kleiner Falter", 7.4), teils aus Fernperspektive („Stahltürme … am Himmelsrand", 3.3), aus Düften, Klängen, Ahnungen und Träumen zusammen. Ein Zusammenhalt durch eine Handlung, eine Ich-Figur oder ein raum-zeitliches Koordinatensystem bzw. eine indirekt gegebene Zentralperspektive ist nicht erkennbar. Ja es scheint, daß das Disparate absichtlich dicht nebeneinandergestellt wird:

Dryaden und Traumsüchtige einerseits und Arbeiter anderseits, Märchen und Fabriken, Obstkarren und Leichenwägen, ein süßes Kind, das auf der Bank sitzt – aber tot. Man könnte auch die Mischung der Sinnessphären mit diesem Prinzip in Verbindung bringen: „Durchsonnter Lärm dröhnt" (5.2) – „Violenfarben und Akkorde ziehn/Vor Hungrigen an Kellerlöchern hin" (9.2). Die Dinge lösen sich auf in ein „Flimmern in Magie von Licht" (7.1) – das erinnert an das pointillistische Endstadium des Impressionismus. Mit van Goghs wirbelnden Sternhimmeln und züngelnden Zypressen lassen sich die kreisenden Bazare oder die „Seuchen", die da „wirr im Äther kreisen" (7.3) vergleichen. Überhaupt geraten Gegenstände, die normalerwiese unbewegt sind, in Bewegung bzw. Gemütsbewegung: „Im Qualm versinken Plätze" (1.2), den Horizont „schreckt ... ein Aufruhr" (5.4).

Die unheilschwangere Dynamik gipfelt in der vorletzten Strophe: Masken „fluten ... ungeahnt", „ein Brand ... loht wütend", ein „Falter tanzt im Windgebraus".

An sämtlichen Bewegungen, die im Verlauf des Gedichts zu konstatieren sind, fällt ihre Richtungs- und Ziellosigkeit auf. „Kreisen" wird zweimal mit „wirr" (1.3–4; 7.3) oder im weiteren Kontext mit „irren" und „verwirrt" kombiniert. Selbst Bewegungsverben, die den Leser unbedingt nach einem „Wohin?" fragen lassen, werden absolut gesetzt: „Im Finstern trippelt puppenhaft ein Greis" (4.1). Während beispielsweise in Heyms Stadtgedicht Richtungspräpositionen überwiegen, die entweder die Zentrierung der Stadtwelt auf den Dämon oder dessen Aktion gegen die Menschheit zum Gegenstand haben, dominieren bei Trakl Lokaladverbialien wie „im Zwielicht" – „Im Qualm" – „Im Spülicht" – „Im Finstern" – „in Scheiben" – „in Magie des Lichts" – „im Äther" – „im Grau" – „im Windgebraus": Lauter „Ortsangaben", die gerade die Auflösung räumlicher Grenzen ins Atmosphärische bewirken. Der allgemeine Realitätsverfall läßt sich an einem weiteren sprachlichen Korrelat erfassen, der ungewöhnlichen Häufigkeit der Vorsilbe „ver-". In den ersten drei Strophen taucht sie allein sechsmal auf: „versinken" – „verwirrt" – „Verfallnes" – „verzehrt" – „versperrt". Nicht alle „ver-"-Verbindungen drücken a priori Vernichtung aus: „verzückt“ (52), „verwunschen“ (7.2) und „verzaubert“ (8.1) betonen die Entrückung aus dem Bereich des Alltäglich-Realen, bewirken jedoch keine schönfärberische Romantisierung des Stadtbildes, denn die „verwunschne Straße“ wird „niedergerissen“, und der Paarreim auf „verzückt“ ist „verrückt“.

Die Entwirklichung, Verfremdung, Verzerrung macht vor dem Bild des Menschen nicht halt. Lebendige Menschen werden in der ersten Hälfte des Gedichts sichtbar, und zwar vorwiegend in Zusammenhang mit Lichterscheinungen: „Ein Heiligenschein auf jene Kleine fällt, ... sanft und weiß ... O goldner Glanz, den sie in Scheiben weckt“, ja sogar *als* Lichterscheinung: „Arbeiter strömen schimmernd“. Derartige Verfremdung der Person zum bloßen Träger von Lichtreflexen sind in der Malerei typisch impressionistische Stilzüge, charakteristisch z. B. für Monticelli, Bonnard oder auch manche Skizzen von Seurat. Bei Trakl geht es jedoch nicht in erster Linie um optische Effekte, sondern um absichtsvolle Depersonalisierung des Menschen. Mädchen werden zu geisterhaften Naturphänomen, zu Dryaden (weibliche Baumgeister der griechischen Mythologie). Die junge Hure („jene Kleine“) vor dem Kaffeehaus erhält einen rätselhaften Heiligenschein. Ihre weiße Blässe hat anderseits etwas von Leichenfarbe und verweist damit schon auf den endgültigen Tod des „süßen Kindes“, der den Abschluß des Gedichts bildet. Hier anknüpfend wäre über das Doppelgesicht der Frauenfiguren Trakls als Huren und Heilige, über ihre eigentümliche Affinität zum Tod und über die Beziehung Trakls zu seiner Schwester Grete als biographischen Hintergrund zu handeln. Doch würde ein solcher Exkurs den Rahmen dieses Interpretationsansatzes sprengen, daher sei nur auf die Ausführungen zu *An die Schwester* und *De profundis* verwiesen, in denen manches davon zur Sprache kommt.

Den weiblichen Figuren stehen zwei männliche Einzelgestalten gegenüber, die, wie viele Heym-Figuren, verzerrte Karikaturen darstellen: der puppenhafte Greis, dem der „lüsterne Klimperklang“ zugeordnet ist, sowie der „krumme Schreiber“, der „verrückt lächelt“ (Str. 4 u. 5). Ähnliche Zerrbilder finden sich bei vielen Expressionisten sowohl in der Literatur (z. B. in dem bekannten Gedicht *Dämmerung* von Lichtenstein) wie in der bildenden Kunst (vor allem bei George Grosz). Für Trakl sind sie an

sich weniger typisch als „Beseßne“ (2.3) und „Traumsüchtige“ (3.1). Man kann sie in eine Reihe stellen mit den vielen verschiedenen verkappten, aber dennoch leicht durchschaubaren Ego-Figurationen der Trakl-Gedichte von 1912 und 1913. Wie auch mehrfach in anderen Gedichten läßt sich ihnen ein Hinweis auf die Rauschgiftsucht Trakls entnehmen, hier sicher zutreffend gedeutet als Sucht nach Traum und als Besessenheit.

Zu *Unterwegs II:* Die Veränderungen, die Trakl wenig später vorgenommen hat, betreffen die Strophen 1, 3, 6 und 7. Als Gesamttendenz ergibt sich eine Verdunkelung der Bilder im wörtlichen und im übertragenen Sinne: Die Szenerie, die bisher eher an Sommernachmittag denken läßt, obwohl keine Tageszeit genannt wird, wird teilweise im Tageslicht belassen, teilweise in abendliche, wenn nicht nächtliche Dunkelheit gehüllt: „Karossen abends durch Gewitter ziehn“ (6.1).[34] Die „Obstkarren“ in 6.2 werden ersetzt durch „Durchs Dunkel“, der „kleine Falter“ in 8.4 durch die nächtlich-unheimlichen Fledermäuse. Man möchte hier fast an eine Beeinflussung durch Heym denken, bei dem Fledermäuse geradezu als Leitfossilien erscheinen, während sie sonst in Trakls Gedichten kaum auftauchen.

Die Verfinsterung wirkt sich auf die Stimmung aus. Wo in der Erstfassung positive Bilder unmittelbar neben negativen stehen, werden in der Zweitfassung die positiven Vorzeichen weitgehend gelöscht, so in 2.3: Erstfassung: „Beseßne jagen goldnen Träumen nach“; Zweitfassung: „Beseßne jagen dunklen Dingen nach“.

Während in 6.2 zunächst „Obstkarren“ als positives Gegenstück zu „Leichenwägen“ aufzufassen sind, werden in der Zweitfassung drei sich verstärkende negative Elemente gesetzt: „Dunkel“ + „stürzen“ + „Leichnam“, wobei das Merkmal des Tot-Seins, des Nicht-mehr-Menschlichen durch das Attribut „leer“ (zu Leichnam) bis ins Unerträgliche verstärkt wird.

„Ein Herd von Seuchen wirr im Äther kreist“ – dieses Bild in *Unterwegs I* (7.3) drückt die latente Bedrohung des Menschen durch Kräfte des Bösen aus, die, gleichsam aus dem Kosmos kommend, über der Stadt kreisen. Den realen Ausgangspunkt zur Ausbildung dieser expressiven Chiffre bildet, wie man an anderen Trakl-Gedichten erkennen kann, das Bild des Krähenschwarms. In der *Winterdämmerung*, einem früheren Werk Trakls, wird der kreisende Krähenschwarm noch direkt mit „Satan“ in Verbindung gebracht: „Und vor Satans Flüchen drehen/Jene sich im Kreis und gehen/Nieder siebenfach an Zahl" (14).

An den verschiedenen Fassungen von *Am Moor* läßt sich deutlich verfolgen, wie aus dem realistischen Bild die Chiffre abstrahiert wird:

1. Fassung: „Krähen und langes Glockengeläut" (207; 3.4)

2. Fassung: „In verfallener Hütte/Flattert mit schweren Flügeln ein gefallener Engel" (208; 3.2)

4. Fassung: „... Flattert mit schwarzen Flügeln der Geist der Fäulnis" (208; 2.2)

Endfassung: „... Aufflattert mit schwarzen Flügeln die Fäulnis" (54; 2.2)

In *Unterwegs I* ist die Chiffrierung schon sehr weit entwickelt. Die Abstraktion „Ein Herd von Seuchen" wird aber durch die Lokalisierung „wirr im Äther kreist" noch in etwa in der Realität verankert. In der Zweitfassung – „Ein Herd von Seuchen Trinkende umkreist" (7.3) – wird jeglicher realistischen Assoziation der Boden entzogen. Erst wenn man den Kontext des Gesamtwerks berücksichtigt, zeigt sich, daß die „Trinkenden" ein chiffernhaft verkürztes Leitmotiv sind (Näheres dazu s. *De profundis*), das metaphysische Heilssuche ausdrückt. Wie in *De profundis*, wo der Heilssuchende „Gottes Schweigen" aus dem Heilung verheißenden „Brunnen des Heils" trinkt, sind auch die „Trinkenden" in *Unterwegs II* stigmatisiert von metaphysischem Unheil, das durch die Bildnachbarschaft mit „des Bösen Geist" signalisiert wird. Am Rande sei noch darauf hingewiesen, daß die Spinne als Symbol des Bösen bzw. der dämonischen Bedrohung ebenfalls in dem entsprechenden Bildkomplex von *De profundis* enthalten ist: „Spinnen suchen mein Herz" (s. u., 5.2). Man möchte in Richtung auf *Unterwegs II* weiterassoziieren: Sie werden das Herz des Trinkenden aussaugen, so daß nur der „leere Leichnam" übrigbleibt.

Von einem Großstadt-Gedicht des 20. Jahrhunderts erwartet der Leser mit einer gewissen Selbstverständlichkeit Zivilisationskritik. Ansätze dazu klingen in der 3. Strophe der Erstfassung auf, wenn von „Arbeitern", „Stahltürmen" und „Fabriken" die Rede ist. Und wird in der 4. Strophe nicht auf die Notlage junger Mädchen der Unterschicht verwiesen („jene Kleine …, die vorm Kaffeehaus wartet"), die ihren Körper kapitalistischer Ausbeutung preisgeben („Und lüstern lacht ein Klimperklang von Geld")?

Ohne Zweifel hat Trakl diese Phänomene gesehen – aber primär als Bildmotive: An den Arbeitern nimmt Trakl nicht etwa Verelendung, Entwürdigung der menschlichen Person oder ähnliche mitmenschliche Aspekte wahr, sondern die Impression des „schimmernd strömen". Die Fabriken werden zwar als „grau" und gefängnishaft („versperrt") kritisch gewertet. Doch befremdlicherweise werden sie nicht als Ort der Ausbeutung, sondern als Gegenprinzip zur (sc. „bunten", „schönen") Welt des Märchens gesehen – also eher unter einem ästhetischen als unter einem sozialen Aspekt.

In der Zweitfassung werden nun diese – nur sehr bedingt unter Gesellschaftskritik zu fassenden – Bildansätze vollends gestrichen und durch Elemente ersetzt, die mit „Großstadt" nichts gemeinsam haben: „Ein Reiter trabt vorbei auf weißem Pferd" ersetzt offenbar das Bild der „schimmernd" daherströmenden Arbeiter.

Auffällig ist die Ersetzung aller pluralischen Subjekte durch singuläre: „ein Knabenlächeln – ein Wunsch – ein altes Kirchentor – ein wohlgeneigtes Ohr – ein Reiter". Wie in der Eingangsstrophe von *De profundis* (s. u.) wird durch die Betonung des „ein" in Verbindung mit asyndetischer Satzfügung Vereinzelung der Subjekte suggeriert. Nun wird auch geheime Empathie des verborgenen lyrischen Ich spürbar. Der Sprecher scheint aus geheimem Einverständnis heraus zu wissen, was für „ein Wunsch" sich in dem „Knabenlächeln" ausdrückt. Wie „Knabenlächeln" verrät auch die Wendung „ein wohlgeneigtes Ohr" perspektivische und emotionale Nähe des impliziten Ich. „Sonaten" kommen bei Trakl mehrfach vor. Sie haben nicht nur eine musikalisch-ästhetische, sondern auch eine persönlich-emotionale Qualität: „Im Nebenzimmer spielt die Schwester eine Sonate von Schubert" – so heißt es in einem ebenfalls mit *Unterwegs* betitelten Gedicht der späteren Sammlung *Sebastian im Traum* (48,5). Welche Bedeutung die Schwester in Trakls Leben hatte, wird in Zusammenhang mit dem Gedicht *An die Schwester* aufgezeigt. Soviel ist jedenfalls evident: „wohlgeneigt" läßt sich eher auf die Gefühle für eine Person als für Musik beziehen.

Wenn an Stelle des Fabriktors der ersten Fassung nun ein „Kirchentor“ tritt – und zwar ein verschlossenes –, so ist damit ebenfalls ein Bild, das an der Peripherie der Traklschen Erlebniswelt lag, durch ein für Trakl charakteristisches Symbol ersetzt worden: Die Verschlossenheit des Kirchentores deutet – ähnlich wie die Bilder der zweiten Gedichthälfte von *De profundis* (s. u.) – auf die Unzugänglichkeit Gottes hin.

Die Figur der kleinen Hure (Str. 4) mit dem Heiligenschein geht unverändert in die Zweitfassung ein. Schon dies deutet darauf hin, daß sie im Gegensatz zu den „Arbeitern“ zum zentralen Figurenbestand der Vorstellungswelt Trakls gehört. In der Tat kommen entsprechende Frauengestalten in der Dichtung Trakls häufig vor. Meist haben sie das Doppelgesicht einer Heiligen, Büßerin, Madonna oder „Mönchin“. Nicht selten fließt ihr Bild mit dem der Schwester zusammen – so in den Nachlaßgedichten von 1909 (z. B. 149, 150).

Möglicherweise nimmt Trakl in der Zweitfassung mit dem rätselhaften „Mohrenmädchen“ (6.4) das Motiv der heiligen Hure wieder auf, denn es könnte durchaus sein, daß mit „Mohrenmädchen“ die Legendengestalt (und die Wortbedeutung) von St. Afra zum Leben erweckt wird, der Trakl im Rahmen von *Sebastian im Traum* ein Gedicht gewidmet hat (*Afra*, Erstfassung 211, Zweitfassung 61). Jedenfalls sieht Trakl in seinen Gedichten Dirnen nie als soziale Problemfälle, sondern als ambivalente Frauengestalten, die im Grunde alle sein Verhältnis zu seiner Schwester spiegeln.

Schließlich muß noch auf die „Hungrigen“ der letzten Strophe eingegangen werden, die hier ja merkwürdigerweise mit dem toten Kind assoziiert werden. Auch hierzu findet sich eine parallele Konstellation in einem anderen Gedicht Trakls. Es wurde in die erste Sammlung der veröffentlichten Gedichte aufgenommen und ist überschrieben *„Im roten Laubwerk voll Guitarren ...“* (12). Am Schluß der vorletzten Strophe taucht eine weibliche Figur auf: „Die Kleine, die mir lang gefallen/Kommt wieder durch das Abendgrauen“, und zwei Zeilen später, am Schluß des Gedichts, heißt es: „Dem Hungrigen täuscht vor Genesung/Ein Duft von Brot und herben Würzen.“ (12, 3.3 u. 4.3). Von hier aus darf man auf *Unterwegs* zurückschließen, daß auch dort der „Hunger“ ebensowenig auf reale Speise gerichtet ist wie der Durst der „Trinkenden“ bei Trakl auf bloße Stillung eines physischen Bedürfnisses.

Aufs Ganze gesehen kann man sagen, daß bei der Zweitfassung der in der Erstfassung nur angedeutete metaphysische Hintergrund, der sich bei Trakl als Abgrund darstellt, stärker herausgearbeitet wird.

4.8
Georg Heym: Der Abend

Der Abend ist immer *die* Tageszeit der subjektiven Erlebnislyrik gewesen. Der Abend löst die scharfen Konturen der Landschaft auf. Himmel und Erde verlieren ihren Kontrast. Das menschliche Ich fühlt sich in den naturhaften Verschmelzungsprozeß einbezogen. Was der Tag durch sein unbarmherziges Licht trennt, führt Hesperus zusammen. So hat Hugo von Hofmannsthal die Wirkung des Abends umschrieben.

Auch Georg Heym bevorzugt das Motiv des Abends vor allen anderen Tageszeiten. Aber er erlebt den Abend nicht als Verschwimmen und Verschmelzen, sondern meist als kosmisch-dramatischen Vorgang, etwa als Machtwechsel von Tag und Nacht. Tag und Nacht werden häufig personifiziert, im Extrem können Sonne und Mond zu kosmischen Ungeheuern stilisiert werden:

> Kata
> Ein roter Donner. Und die Sonne tost,
> ein Purpurdrachen. Sein gezackter Schwanz
> Peitscht hoch herauf der weiten Himmel Glanz,
> ...
> Musik, Musik. Ein göttlicher Choral.
> Das offne Maul der Sonne stimmt ihn an,
> das Echo dröhnt vom weiten Himmelssaal.
>
> Und ruft hervor der dunklen Nacht Tyrann,
> den Mond, Tetrarchen, der im Wolkental
> Schon seltsam lenkt das fahle Viergespann. (75)

Im Vergleich mit der hyperbolischen Expressivität dieses Gedichts wirkt *Der Abend* (entstanden am 27. 9. 1910, also ein halbes Jahr vor *Kata*) geradezu klassisch-harmonisch. Dennoch ist auch hier die polare Grundstruktur unverkennbar. Der Spannungsbogen reicht von der ersten bis zur letzten Zeile:

> „... Versunken ist der Tag ...
> Und ferne steht ... Die hohe Nacht auf schattigem Kothurne.“

Allerdings erscheint die Nacht hier nicht als Tyrann, sondern als Dramenprotagonist. Durch die Spannweite des Bildes – der Blick wird vom äußersten westlichen zum fernen östlichen Horizont gelenkt – entsteht der Eindruck ungeheurer Erstreckung in der Horizontalen. Zudem wird die vertikale Dimension in allen drei Strophen durch alternierende Blicklenkung in die Höhe und die Tiefe betont:

1. Strophe: „versunken – hebt sich"
2. Strophe: „steigt in den Raum – der Schluchten dunkle Tiefe"
3. Strophe: „ausgegossen/gestürzter Wein – hohe Nacht/Kothurn"

Ein explizites lyrisches Ich wäre in dieser global dimensionierten Landschaft deplaziert, da deren Weite („Auf allen Inseln", 5. Z.) reale Beobachtungsmöglichkeiten übersteigt. Dennoch ist wenigstens ein imaginäres Beobachtungszentrum angedeutet: „Ein Segel kommt." (3. Z.) impliziert Bewegung zum Sprecher hin (wenn auch nicht direkt und geradlinig auf den Sprecher zu). Wenn der Schiffer als „Silhouette" (4. Z.) gesehen wird, so ist damit seine räumliche Relation zum imaginären Beobachter gegeben. Der Schiffer muß sich zwischen Beobachter und westlichem Abendhimmel befinden. Auch die letzte Strophe enthält Ortsangaben, die räumliche Relation zu einem Beobachtungsstandpunkt suggerieren – „ferne" und „Osten". Beide Angaben werden absolut, d. h. ohne Vergleichsgröße („fern von ..., im Osten von ...") gesetzt. In einem solchen Fall wird normalerweise der Ort des Sprechers als Bezugspunkt betrachtet.

Durch derartige Relationsangaben wird dem Landschaftsbild die dritte Dimension der räumlichen Tiefe hinzugefügt.

Der Gegensatz von Tag und Nacht hat seine Entsprechung nicht nur in der polaren Raumstruktur, sondern auch in der Farbgebung. In der ersten Hälfte des Gedichts dominiert ein ungebrochenes Rot – in der ersten Zeile zu „Purpurrot" potenziert. In seiner Umgebung finden sich die Lichtwerte „weiß" (2. Z.) bzw. „klar" (6. Z.). Sie dienen dazu, die Farbigkeit des Rot voll zur Wirkung zu bringen. In der zweiten Gedichthälfte tritt das Dunkel seine Herrschaft an: „dunkler" (7. Z.) – „Dunkel" (9. Z.) – „schwarz" (11. Z.) – „schattigem" (12. Z.). Selbst die Farbe des Vergleichsbildes muß sich entsprechend anpassen: Rotwein verdunkelt sich zu „blauer Wein" (10. Z.).

Die Monumentalität des Bildes wird mit dadurch bewirkt, daß mit Ausnahme des Segelbootes alles Singuläre bzw. Akzidentielle ausgeklammert ist. Sprachliches Anzeichen dafür ist die Dominanz des generalisierenden bestimmten Artikels. Dadurch ergibt sich der Eindruck überzeitlicher Gültigkeit. Dieser wird verstärkt durch die archaisierenden Vergleiche bzw. Metaphern, die wiederum als Reimwörter besonders hervorgehoben sind: „Kitharen" (8. Z.) – „Urne" (10. Z.) – „Kothurne" (12. Z.). Dazu kommen feierliche Archaismen in Form des vorangestellten Genitivattributs: „des Schiffers Silhouette" (4. Z.) – „der Schluchten dunkle Tiefe" (7. Z.) – „des Herbstes Wald" (5. Z.) – „Der Waldung Ton" (8. Z.).

Wie oben schon bemerkt sticht unter den generalisierenden oder Kollektivität ausdrückenden Begriffen („*der* Tag" – „*die* Nacht" – „*alle* Inseln" usw.) das singuläre „*ein* Segel" (3. Z.) hervor. Es lenkt die Aufmerksamkeit auf die einzige menschliche Figur im Gesamtbild des Gedichts. Indem sich aber diese Erscheinung „groß" ... „aus dem Boot hebt", gewinnt sie wiederum übermenschliche Dimension. Dadurch daß sie nur als gesichtslose schwarze Silhouette sichtbar wird, erscheint sie als unpersönliches, fast nichtmenschliches Wesen – wie so manche der überdimensionalen Gestalten, die Heym in abendliches Gegenlicht zu stellen liebt. So etwa in *Printemps:*

„... Ein Ackerer geht groß am Himmelsrand.
Davor, wie Riesen schwarz, der Stiere Paar,
Ein Dämon vor des Himmels tiefer Glut." (261)

In einem Gedicht, das gleichfalls 1910 entstanden ist, findet sich ein dem *Abend* sehr verwandtes Bild:

„... Ein großer Kahn zieht in der Wasser Tal.
Er leuchtet düster, wenn das Dunkel weicht.
Ein Fährmann lenkt ihn, dessen Antlitz fahl
Und tot wie Stein hoch in die Wolken reicht." (106)[35]

Während der „Fährmann" in dem zitierten Text unübersehbare Ähnlichkeit mit dem mythischen Charon, dem Fährmann der Toten, aufweist, läßt sich die Gestalt des „Schiffers" in *Der Abend* kaum als symbolisch interpretieren. Man kann nur sagen, daß etwas Fremdartig-Überindividuelles von ihr ausgeht und daß die späteren archaisierenden Bilder auch bei dem „Schiffer" an eine

entsprechende antike Herkunft denken lassen. Alle weiteren Festlegungen wären Spekulation.
Die syntaktische und die metrische Struktur des Gedichts sind von einem derart strengen Gleichmaß bestimmt, wie man es von einem Werk des Expressionismus nicht erwartet und etwa bei dem jungen Benn nie finden würde. Für Heym jedoch ist dieser Formwille charakteristisch. Der Reim alterniert durchgehend. Er enthält keinerlei Unreinheiten. Besondere Klangwirkung erzielt Heym, indem er (wie Rilke mitunter) die gewichtigsten drei Reimpositionen an den Strophenenden mit Fremdwörtern besetzt. Sie sind noch nicht durch lange Reimtradition abgenutzt wie „Herz" und „Schmerz" und können daher ihren fremdartigen Klangreiz voll entfalten. Außerdem dienen sie – vom Wortinhalt her – dazu, durch archaisierende Verfremdung eine Aura numinoser Feierlichkeit zu erzeugen.

Die Sätze sind – abgesehen von einer poetischen Verbumstellung in der drittletzten Zeile – durchaus grammatisch gebaut. Die syntaktischen Bezüge lassen sich immer ganz eindeutig feststellen (im Gegensatz etwa zu Trakls verschwimmender Syntax). Mit einer Ausnahme in der dritten Zeile, umfassen die Sätze regelmäßig zwei Zeilen.

Die jambischen Verse fließen – in klassischer Fünfhebigkeit angeordnet – ohne jede Unregelmäßigkeit dahin und spiegeln durch ihr ruhiges unaufhaltsames Dahingleiten die Großräumigkeit des Gesamtbildes.

4.9
Georg Trakl: De profundis

Das Gedicht ist im Spätherbst 1912 im Zusammenhang mit dem Karl Kraus gewidmeten *Psalm* entstanden und am 15. Dezember in der Zeitschrift „Der Brenner" erstmalig gedruckt worden.

Der Titel zitiert den lateinischen Anfang des Bußpsalms 130. Schon in einem seiner frühen Gedichte (1910) hatte Trakl den gleichen Titel verwendet. Dieses Frühwerk bezieht sich auf den Tod des Vaters und hat inhaltlich mit dem späteren Gedicht keine Gemeinsamkeit.

De profundis besteht aus sechs drei- oder vierzeiligen reimlosen „Strophen". Die einzelnen Zeilen sind von ungleicher und unregelmäßiger Länge (2 bis 7 Takte). Zweiertakt wechselt unregelmäßig mit Dreiertakt, Auftakt mit Auftaktlosigkeit. Jambischer Gleichklang – unterstrichen durch dreimalige Anapher – stellt sich nur in der ersten Strophe ein und wird auch hier nicht gänzlich durchgehalten. (Daß in den folgenden Strophen nicht lediglich rhythmisch getöntes Rezitativ, sondern Taktigkeit angestrebt ist, verraten u. a. entsprechende Wortdehnungen – „Dornenbusch“, Z. 12 – oder Verkürzungen „kristallne“, Z. 22.)

Inhaltlich betrachtet lassen sich drei Blöcke unterscheiden: Erste Strophe – zweite/dritte Strophe – vierte bis sechste Strophe. Der erste (kürzeste) Block hat ein stimmungsstarkes Landschaftsbild zum Gegenstand und erhält durch die zusammenfassende Schlußwertung „Wie traurig dieser Abend“ eine deutliche Abrundung. Der zweite Block handelt von dem Schicksal der „Waise“. Erst in dem umfangreichsten dritten Block – der zweiten Hälfte des gesamten Gedichts – tritt das Ich als Subjekt in Erscheinung.

Einen gewissen Zusammenhalt gibt die unheilvolle Abendstimmung, die allerdings im zweiten Block zunächst aufgehoben scheint und erst in dessen letzter Zeile kraß hervortritt. Irritiert wird der Leser zunächst von dem scheinbar zusammenhanglosen Nebeneinander verschiedener Gestalten und Vorgänge, die zudem zeitverkehrt angeordnet sind: Das Gedicht beginnt im Präsens und endet im Präteritum.

Schon zwischen Titel und erster Strophe besteht ein Sinnbruch. Der Ruf nach Gott und um Vergebung der Sünden läßt sich erst mit dem Inhalt des dritten Blocks in Verbindung bringen. Die erste Strophe entwirft ein subjektloses, ja völlig menschenleeres Naturbild. „Einsam“ – nicht etwa „einzeln“ – steht der Baum da. Somit wird das Gefühl von menschlicher Verlassenheit in das Bild des Baumes projiziert. Isoliertheit suggeriert die Wiederholung des unbestimmten Artikels „ein“, zumal wenn etwas so Diffuses wie „Wind“ durch „ein“ eingegrenzt wird. Die asyndetische Reihung der monoton-gleichgebauten Sätze bildet einen zusätzlichen Stimmungsfaktor.

„Leere“ wird vor allem bewußt gemacht, indem sie den „Hütten“, die ja eigentlich menschliches Miteinander, Geborgenheit und Wärme symbolisieren sollten, attribuiert wird. Leer ist aber auch das abgeerntete Stoppelfeld, eine sprachliche Leerform das dreimalige einleitende „Es“, dessen Gebrauch hier besonders auffällig, weil ungrammatisch erscheint: anstatt einer zu erwartenden

Ortsbestimmung steht eben eine Leerstelle. Orientierung in Raum und Zeit, Weltzusammenhang, menschliche Kommunikationsmöglichkeit – dies alles fehlt.[36] Der „schwarze Regen" hat den Charakter eines rätselhaften, jedenfalls unheilverkündenden Prodigium. Der Zischelwind wirkt schlangenhaft gefährlich, zumal er die leeren Hütten – absolut realitätswidrig – „umkreist". Die Kreisbewegung signalisiert im übrigen bei Trakl häufig Unheil (so z. B. in dem oben interpretierten Gedicht *Unterwegs* oder noch eindrucksvoller in *Winterdämmerung,* 14). Ob mit dem abschließenden „dieser Abend" „heutiger Abend" gemeint ist oder „Abend von *dieser* Beschaffenheit", oder aber ein bestimmter (nicht der heutige) Abend, an dem sich das Geschehen der zweiten und dritten Strophe vollzieht, bleibt offen.

Um die „sanfte Waise" der zweiten Strophe ist von Interpreten viel gerätselt worden.[37] Das ist nicht verwunderlich, denn in ihrem Bild vereinigen sich Züge verschiedener Gestalten. Sie erinnert als Ährenleserin an die biblische Ruth, die sich nächtens dem Herrn des Ackers, Boas, zu Füßen legt und seiner harrt. Zugleich ist sie Sulamith, die Braut des Hohen Liedes, die – gemäß tradierter Bibelexegese – „den himmlischen Bräutigam" erwartet. Dazu paßt die tiernahe Darstellung der Augen, denn Tiermetaphern sind kennzeichnend für das Hohe Lied. Daß Trakl das Hohe Lied gekannt hat, geht auch daraus hervor, daß er es in anderen, früheren Gedichten zitiert – so in *Klagelied* (162). Es dürfte ihn unter anderem daran fasziniert haben, daß Sulamith von ihrem Geliebten des öfteren als „Schwester und Braut" angesprochen wird.[38]

Damit sind wir bei der Gestalt angelangt, die in den verschiedensten Metamorphosen auftritt – sei es als „Jünglingin" (*Das Herz,* 87), als „sterbender Jüngling, die Schwester" (*Traum und Umnachtung,* 84), als „zarter Leichnam" (*Passion,* 69) oder, wie sehr häufig, als sterbendes „Wild" (s. o.: *An die Schwester*). In dem unmittelbar vor *De profundis* angeordneten Gedicht *Der Spaziergang* findet sich die Zeile: „... Im Dornenstrauch verendet weich ein Wild ..." (26) Das Bild des verendenden Tieres ist für Trakl austauschbar mit dem Bild der „Magd": „... Stille verwest die Magd im Dornenbusch ..." (230).

Der Bezug auf die Schwester wird noch unverhüllter deutlich in dem Fragment eines lyrischen Dramas:

„... O die Schwester singend im Dornenbusch und das Blut rinnt von ihren silbernen Fingern, Schweiß von ihrer wächsernen Stirne ..." (253)

Ein motivverwandtes Bild findet sich in *Offenbarung und Untergang*:

„... Aus verwesender Bläue trat die bleiche Gestalt der Schwester und also sprach ihr blutender Mund: Stich schwarzer Dorn ..." (95)

Die überzeugendste Parallele zu *De profundis* enthält der Prosakomplex *Traum und Umnachtung*, der einer inneren Biographie in Bildern nahekommt:

„... O der Schauer, da jegliches seine Schuld weiß, dornige Pfade geht. Also fand er im Dornenbusch die weiße Gestalt des Kindes, blutend nach dem Mantel seines Bräutigams. Er aber stand vergraben in sein stählernes Haar stumm und leidend vor ihr. O die strahlenden Engel, die der purpurne Nachtwind zerstreute. Nachtlang wohnte er in kristallener Höhle und der Aussatz wuchs silbern auf seiner Stirne ..." (82)

Hier findet sich das Motivensemble von *De profundis* in ähnlicher Konstellation wieder; vor allem ist zu beachten, daß auch die Darstellung der männlichen Figur Entsprechungen aufweist. Allerdings wird diese dicht an das Bild des Bräutigams herangerückt, so daß eine Identifikation mit diesem – nicht nur aus grammatischen Gründen – vorstellbar erscheint.

Die Ähnlichkeit der „sanften Waise" mit dem „blauen Wild" (in *An die Schwester*) läßt sich weder übersehen noch überhören: Ihre Erscheinungssituation ist gleich; in beiden Fällen umgibt herbstlich-abendliche Einsamkeit die Figur. Beide werden zum Opfer eines unerklärlichen Verhängnisses, wobei die kreatürliche Schuldlosigkeit des „Wildes" mit der „Sanftheit" der „Waise" und dem „weiden" als Metapher für „sehen" korrespondiert. Die Darstellung beider Figuren ist von besonderer Musikalität. Wie in *An die Schwester* verbindet die sanfte Alliteration des mehrfach wiederkehrenden w-Lautes die drei Zeilen, in deren Mitte sich die Figur befindet. Während in *An die Schwester* die klangliche Harmonie durch das Reimwort „tönt" verstärkt wird, erreicht Trakl ähnliche Klangwirkung in *De profundis* durch Lautanklänge innerhalb der reimlosen Zeilen. So folgt auf die obengenannte Alliteration des „w" jeweils ein volltönender Diphtong, „ei": „Weiler-

Waise-weiden". Dieser Klang wird weitergeführt in den betonten Schlußsilben der ersten beiden Zeilen: „vorbei" und „ein". Daß es Trakl (bewußt oder unbewußt) um diese Klangwirkung zu tun war, beweist die semantisch auffällige Verwendung der Junktur „Ähren *ein*sammeln", wo die Sprache sich normalerweise mit einem „Ähren sammeln" begnügt.

Unter den vielen Alliterationen und Anklängen dieser Zeilen seien nur zwei hervorgehoben: Einmal „sammelt ... sanfte", wo die Lautentsprechung eben auch über die (stimmhafte) Alliteration hinausgeht und die Wortbedeutung von „sanfte" klanglich besonders zur Geltung bringt, und zum andern „spärliche Ähren", wo ebenfalls nicht nur einzelne Laute, sondern Lautkomplexe wiederholt werden.

Wenn in der Textuntersuchung unter anderem auch der biographische Ausgangspunkt des Gedichts aufgesucht worden ist, so nicht aus selbstzweckhafter kriminalistischer Enthüllungssucht, sondern um auf dem genetischen Hintergrund die Gestaltungsprinzipien zu verdeutlichen, nach denen das persönliche Erleben in Bild und Klang sublimiert wird.

Bei der Analyse der dritten Strophe wenden wir uns zunächst wieder den biblischen Figuren zu, die in der zweiten Strophe aufgetaucht sind: Ruth und Sulamith. In der christlichen Exegese symbolisieren beide Figuren unter anderem die menschliche Seele, die der Vereinigung mit Christus harrt. Für Trakl dürften diese beiden biblischen Exempla darum besonders faszinierend gewesen sein, weil hier sexuelle Vereinigung zur Unio mystica überhöht wird, obwohl das Verhalten sowohl der Ruth wie der Sulamith, gemessen an Maßstäben christlicher Sexualmoral – nicht nur des beginnenden 20. Jahrhunderts –, als extrem anstößig und sündhaft beurteilt werden müßte. Analog dazu erlebt Trakl sein Verhältnis zur Schwester einerseits als Sünde, andererseits hat es in der dichterischen Gestaltung eine unverkennbare religiöse Aura. Dieser paradoxe Doppelaspekt kommt z. B. in Trakls *Abendländischem Lied* zum Ausdruck:

„... O, die bittere Stunde des Untergangs,
da wir ein steinernes Antlitz in schwarzen Wassern beschaun.
Aber strahlend heben die silbernen Lider die Liebenden:
EIN Geschlecht. Weihrauch strömt von rosigen Kissen
Und der süße Gesang der Auferstandenen." (67)

Es wäre falsch, das Harren der Waise auf den „himmlischen Bräutigam“ als konventionelle, ihrer ursprünglichen Bildbedeutung entkleidete Metapher für spirituelle Heilshoffnung der menschlichen Seele schlechthin aufzufassen. Es geht zunächst um die eigene Existenzerfahrung Trakls, die er erst im nachhinein als paradigmatisch für „unser verfluchtes Jahrhundert“ ansieht.

Daß Trakl das Schicksal seiner Schwester (wie sein eigenes) als von Gott verhängte Verdammnis empfunden hat, geht aus *An die Schwester* hervor und läßt sich an dem unbegreiflichen Tod der „Waise“ erkennen: Nicht genug, daß im Widerspruch zu den Präfigurationen christlicher Erlösungsgewißheit die Hoffnung der Waise enttäuscht wird, sie erleidet einen gewaltsamen und grausamen Tod. Es hat auch nicht den Anschein, daß der Zufall sie irgendeinem Triebtäter in die Hände hat fallen lassen. Nicht *während*, sondern *dadurch, daß* sie auf den himmlischen Bräutigam wartet, beschwört sie das Unheil tierhaft unschuldig und unwissend auf sich herab. Das Nichterscheinen des „himmlischen Bräutigams“ läßt sich auf dem Hintergrund der biblischen Gegenbeispiele als göttlicher Gnadenentzug interpretieren. Die weiteren biblischen Anspielungen stützen diese Deutung: Im brennenden Dornbusch zeigte sich Gott dem Moses. Im Dornenbusch dieses Gedichts offenbart sich eben kein Gott, obwohl sich mit diesem Symbolort entsprechende Erwartungen verbinden, sondern er wird zum Erscheinungsort des Unheils. Darin jedoch erschöpft sich seine Funktion bei Trakl nicht. Wie ein Blick in die Trakl-Konkordanz allein schon zeigt, handelt es sich um einen zentralen Symbolkomplex im Werk Trakls (der in diesem Gedicht vielleicht nicht ganz zufällig an *die* zentrale Stelle gerückt ist). Innerhalb des Gesamtwerks lassen sich mehrere Bedeutungsschichten erkennen:[39]

Der Dorn ist Sexualsymbol: „Aus verwesender Bläue trat die bleiche Gestalt der Schwester und also sprach ihr blutender Mund: Stich schwarzer Dorn. Ach noch tönen von wilden Gewittern die silbernen Arme mir“ (*Offenbarung und Untergang*, 95).

Noch unverhüllter tritt diese Bedeutung in dem Dramenfragment (erste Fassung) allenthalben zu Tage (249–251). Der brennende Dornbusch wird hier zum Symbol für „Brennende Lust“ (251). Johanna stürzt sich „besinnungslos in den Dornenbusch, der sich über ihr schließt“ (251).

Unter den Bedingungen, unter denen Trakl Sexualität erlebte, mußte Liebesvereinigung mit Frevel und personaler Destruktion gleichbedeutend werden; daher erklärt sich die Häufigkeit des Motivs vom Verbluten im Dornbusch. Das Schuldbewußtsein bleibt im Ich zurück als „dorniger Stachel" (67 und 82). Der gesamte Lebensbereich des Schuldigen wird zur „dornigen Wildnis" (83) der Erinnerungslandschaft.

Der deutlichste Bezug zur Traklschen „Urszene" findet sich in dem Gedicht *Frühling der Seele*:

„... Strahlender Sonnenabgrund.
Schwester, da ich dich fand an einsamer Lichtung
Des Waldes und Mittag war und groß das Schweigen des Tiers;
Weiße unter wilder Eiche, und es blühte silbern der Dorn.
Gewaltiges Sterben und die singende Flamme im Herzen ..." (78)

Die Liebesvereinigung wird immer mit Tod und meist mit Schuld assoziiert. Schuldbewußtsein bleibt dauerhaft zurück als „dorniger Stachel"; der selbst in den seltenen Augenblicken der inneren Gelöstheit nicht verschwindet:

„... O die dämmernden Frühlingswege des Sinnenden ... die Abendglocke und die schöne Gemeine der Menschen. Daß er seines Schicksals vergäße und des dornigen Stachels ..." (*Traum und Umnachtung,* 82)

So wird der Dorn zum Symbol der persönlichen „Passion":

„... Dornige Stufen sinken ins Dunkel
Daß röter von kühlen Füßen
Das Blut hinströme auf den steinigen Acker ..." (*Passion,* 216)

In der Erstfassung der *Passion* wird ein Zustand der durch Passion und Buße erreichten Erlöstheit imaginiert, in dem der dornige Stachel seine Schrecken verliert:

„... Nächtlich tönt der Seele einsames Saitenspiel
Dunkler Verzückung
Voll zu den silbernen Füßen der Büßerin
Im verlorenen Garten;
Und an dorniger Hecke knospet der blaue Frühling..." (*Passion*, 216)

In dieser Bedeutung verbindet sich wiederum der persönliche Aspekt des Symbols mit dem religiösen:

„... Des Heilands schwarzes Haupt im Dornenstrauch ..." (*Im Dorf,* 37)

Der Exkurs macht deutlich, daß in *De profundis* neben der religiösen Komponente im Bild des Dornenbuschs auch der persönliche Inzest-Schuld-Komplex verborgen ist.

Wenden wir uns nun den weiteren religiösen Motiven zu: Die Hirten Trakls haben immer eine positive Bedeutung, sei es, daß sie mit der traditionellen Vorstellung vom „guten Hirten" oder mit der Weihnachtsgeschichte verknüpft ist. Die Hirten dieses Gedichts erinnern an jene, die das Kind in der Krippe fanden. Gerade durch die weihnachtlichen Erwartungen, die durch das Verb „finden" in diesem Kontext geweckt werden, wirkt der tatsächliche Fund um so schockierender.

Weitere Motive, die mit der Heilsgeschichte in Verbindung gebracht werden können, finden sich – mit negativem Vorzeichen versehen – in der zweiten Gedichthälfte: „Gottes Schweigen/ Trank ich aus dem Brunnen des Hains" erinnert an den biblischen Teich Bethesda, in dem Kranke Heilung fanden, wenn der Engel Gottes auf das Wasser herniederstieg. In der Schlußzeile klingt ein weiteres Motiv der Weihnachtsgeschichte in den Engeln an. Aber: Die Engel bleiben im Verborgenen („im Haselgebüsch"), der Brunnen erweist sich für das Ich als unheilvoll, wenn es daraus „Gottes Schweigen" trinkt.

Bei näherer Betrachtung überrascht die Fülle der Analogien zwischen „Ich" und „Waise":[40] Beide stehen außerhalb der Menschenwelt und unbehaust in der Finsternis („Am Weiler vorbei ... ferne finsteren Dörfern"). Beiden wird als einzige aktive Tätigkeit Nahrungssuche bzw. Heilssuche zugeschrieben („... Sammelt ... spärliche Ähren ... Ihre Augen weiden ... Und ihr Schoß harrt" – „Trank ich aus dem Brunnen ..."). Die Heilssuche führt in beiden Fällen zum gegenteiligen Ergebnis. Neben den oben schon behandelten Bildern belegt dies auch die für sich allein genommen befremdliche Aussage „Es ist ein Licht, das in meinem Mund erlöscht" (fünfte Strophe). Stellt man sie neben die zentrale Aussage der vierten Strophe, „Gottes Schweigen trank ich", so wird ihre metaphysische Dimension deutlich.

Der Endzustand beider Gestalten wird ähnlich dargestellt: „Verwest" (Z. 11) – „Starrend von Unrat" (Z. 19). Wie es zu diesem Zustand gekommen ist, bleibt jeweils ungesagt. Das Prädikat „fanden" bzw. „fand" betont – auch durch den abrupten Tempuswechsel vom Präsens ins Präteritum – die Unvermitteltheit der

Entdeckung. Schließlich enden die beiden Gedichthälften mit einer Bildentsprechung: „im Dornenbusch“ (Z. 11) – „Im Haselgebüsch“ (Z. 20).

Berücksichtigt man diese Aspekte, so muß man dem Gedicht, das zunächst so zusammenhanglos, ja brüchig wirkt, dennoch eine durchgängige Struktur zuerkennen, deren innere Symmetrie das in Trakls Vorstellung parallele Schicksal der Geschwister spiegelt.

Selbstverständlich bestehen bei aller Konvergenz Unterschiede. Das Schicksal der Schwester wird – wie in vielen anderen Gedichten, die nach Gretes Heirat und Übersiedlung nach Berlin entstanden sind – als Tod dargestellt. Das Ich überlebt – aber nur als „Schatten“, für den es nur zwei Erlebnisbereiche gibt: die Erinnerung an die glückhafte Vergangenheit oder aber das Leiden an einer Gegenwart, die nur Tartarusqualen hervorbringt. Im zweiten Teil des Gedichts ist vorwiegend von diesen die Rede.[41]

Biographisches Substrat der Schreckensbilder vor allem in der fünften Strophe mögen Halluzinationen und Depersonalisationserlebnisse unter Drogeneinfluß sein. Das Ich verliert seinen festen Umriß und seine menschliche Identität. Stirn (Geist), Herz (Gefühl) und Mund (Kommunikationsfähigkeit) repräsentieren die Person. Die Metamorphose ins Metallische läßt menschliche Bewegung erstarren, Körperwärme erkalten. Der Körper wird wehrlos, das Herz zur Beute der Spinnen, die seine Lebens- und Gefühlsfähigkeit aussaugen werden. Das Erlöschen des Lichts hat außer der assoziativen Verbindung zu den religiösen Motiven des Gedichts auch den Aspekt des Sterbens. Gewissermaßen als Verstorbener findet sich das Ich in einer metaphysischen Landschaft wieder, einsam auf öder Heide, ausgesetzt den Unheilssternen, die in Trakls Gedichten so häufig auftauchen (z. B. in *Untergang*: „Am Abend weht von unseren Sternen ein eisiger Wind“, 64). Die Beschmutzung des Ich – eigentlich ein gängiges und auch bei Trakl oft so zu verstehendes Bild für Schuld – wird hier den Schicksalssternen angelastet. Die „kristallnen Engel“ kontrastieren mit dem schmutzstarrenden Ich aufs schärfste. Ihre kristallene Reinheit bedeutet zugleich Unzugänglichkeit für das Ich. Sie nähern sich dem Ich nicht, sie üben nicht die Botenfunktion des „angelos“ (griechisch: „Bote“) aus, bleiben im Gebüsch verborgen, ihre Präsenz ist nur als „Klang“ zu erahnen.

4.10
Zusammenfassung

Mit diesen wenigen Interpretationen das Spektrum auch nur der frühexpressionistischen Lyrik einzufangen, war weder möglich noch beabsichtigt. So blieben z. B. die Sprachexperimente eines August Stramm, die satirischen Grotesken von van Hoddis und Lichtenstein und alle Formen dezidiert religiöser Lyrik ausgespart. Hinzu kommt, daß auch die innere Spannweite der lyrischen Produktion von Benn, Heym, Trakl allenfalls andeutungsweise aufgezeigt werden konnte. Trotzdem erscheint mir die intensive, ins sprachliche Detail vordringende und gegebenenfalls Kontext einbeziehende Beschäftigung mit dem Einzelwerk ein legitimes, lohnendes, ja vordringliches Anliegen der Literaturpropädeutik.

Damit die epochalen Gemeinsamkeiten in der Vielfalt des Einzelnen nicht aus dem Blick geraten, seien stichwortartig die wesentlichen Elemente noch einmal zusammengestellt:

- im Gegensatz zur L'art-pour-l'art-Dichtung der Jahrhundertwende Betonung der Einheit von Leben und Kunst;
- keine Abbildung objektiver Realität intendiert, sondern Wesensschau; Verbindung von extremer Subjektivität und Allgemeingültigkeit prätendiert (z. B. Stadler);
- wenn soziales oder politisches Engagement, dann eingebettet in eine weltanschauliche Totalitätsvorstellung (z. B. Lotz);
- radikale Normendurchbrechung in gesellschaftlicher (z. B. Lasker-Schüler), ethischer (z. B. Benn, Trakl) und ästhetischer Hinsicht (z. B. Benn, Heym, Trakl);
- messianische Zukunftsorientierung einerseits, Weltuntergangsvisionen andererseits (z. B. Lotz, Heym);
- rückhaltlose Ich-Aussage (Lasker-Schüler, Benn) einerseits, Zurücknahme des lyrischen Ich (z. B. Heym) andererseits;
- dichterische Gestaltung individueller Extremsituationen und extremer Beziehungen (z. B. Trakl, Lasker-Schüler);
- Ichauflösung des (Intellektuellen-)Ich ins Animalische (z. B. Benn) oder in ekstatischem Rausch (z. B. Stadler);
- Welt-, Wert-, Ichzerfall bis zur Selbstvernichtung (z. B. Trakl);
- Einordnung des Ich in ein (als höherwertig empfundenes) Wir (z. B. Lotz);

- neuartige, dynamische Motivik: Moderne Technik und Großstadt (z. B. Stadler, Benn, Heym);
- Einbezug, ja Kult des Häßlichen, Bösen (z. B. Heym);
- Tendenz zu größtmöglicher Dimensionierung des inneren Erlebens und des visionären Erlebnisraumes (z. B. Stadler, Heym);
- visionäre, symbolstarke, von innen her entwickelte Bildlichkeit, die reale Erfahrungswelt transzendiert (z. B. Heym, Trakl);
- dynamische Metaphorik und Rhythmik (z. B. Stadler, Heym);
- Vorliebe für kühne und dunkle Metaphern (z. B. Lasker-Schüler, Trakl);
- Subjektivierung, Chiffrierung der Bilder, im Extremfall bis zur Unauflöslichkeit (z. B. Trakl);
- gewollte Verbindung heterogener, z. T. „poesiefremder" Elemente, disparater kultureller bzw. mythologischer Traditionen (z. B. Lasker-Schüler, Benn);
- Steigerung der Assoziationsmöglichkeiten und der Konnotationsbreite der Wörter und Wortjunkturen (z. B. Benn);
- Gefühls- und Wertambivalenz der Bilder (z. B. Trakl, Heym);
- Überschreitung gemeinsprachlicher Normen: Auflösung des Satzrahmens, mehrdeutige syntaktische Fügungen (z. B. Benn, Trakl);
- Wortneubildungen (z. B. Benn, Lasker-Schüler, Trakl);
- Kopplung von semantisch unverträglichen Elementen (z. B. Benn, Trakl);
- Erweiterung des lyrischen Vokabulars durch „unpoetische" Elemente (z. B. Heym: Fremdwörter, Benn: Kasino-Slang, Fäkalsprache);
- Ablehnung (als einengend empfundener) traditioneller Verstechnik einerseits (z. B. Stadler, Benn), kalkulierte gehaltbezogene Verwendung artifizieller Metra und Gedichtformen andererseits (z. B. Trakl: Terzinen, Heym: Sonett);
- Hinwendung zum deklamatorischen Sprechvers (z. B. Stadler: Langzeile);
- Abkehr von organologischer Vorstellung von Lyrik, Aufsplitterung des Gedichts in unregelmäßige Blöcke, inhaltliche Brüche, Zeilengedichte (z. B. Benn, Trakl).

Unterrichtshilfen

1
Didaktische Aspekte

Die allgemeinen Schwierigkeiten des schulischen Umgangs mit Dichtung potenzieren sich erfahrungsgemäß, wenn es um die Interpretation von Lyrik geht. Die erste Crux entsteht schon im Vorfeld der Unterrichtsplanung. Wie konstruiere ich eine Gedichtreihe?

Gesucht sind Gedichte,

- die von Motiv, Form und Aussage her Jugendliche ansprechen,
- die einerseits von unverwechselbarer Eigenart und andererseits epochentypisch sind,
- an denen spezifische Interpretationsmethoden eingeübt werden können,
- die sich in Motivgruppen zusammenfassen lassen, damit eine gewisse Vergleichbarkeit gewährleistet ist.

Mir scheint, daß eine Lyrikreihe mit Werken des Frühexpressionismus solchen didaktischen Forderungen gerecht werden kann. Fülle und Rang der lyrischen Produktion des Frühexpressionismus erlauben es beispielsweise ohne weiteres, Gedichte aus einem eng gefaßten Zeitraum von zwei bis drei Jahren zusammenzustellen. Damit erhöht sich die Vergleichbarkeit. Sowohl epochentypische Gemeinsamkeiten wie individuelle Unterschiede lassen sich dadurch schärfer herauspräparieren.

In der frühexpressionistischen Lyrik spricht sich das Lebensgefühl einer jungen Generation aus, die mit den Wertorientierungen der Väter radikal bricht, ohne ein neues Wertsystem an deren Stelle setzen zu können. Viele dieser jungen Menschen sind erfüllt vom Vorgefühl säkularer Umwälzungen und Katastrophen. *Menschheitsdämmerung* nannte Pinthus daher seine Sammlung zeitgenössischer expressionistischer Lyrik nicht zu Unrecht. Die Jugend des ausgehenden 20. Jahrhunderts befindet sich in einer ähnlichen Existenzsituation und in einer vergleichbaren Bewußtseinslage. Daher findet heute die überwiegende Mehrheit der Jugendlichen durchaus emotionalen Zugang zu dem, was eine Avantgarde zu Beginn des Jahrhunderts auszusprechen und künstlerisch zu gestalten versuchte.

Es versteht sich von selbst, daß Schüler erst in der Entwicklungsphase der Adoleszenz Verständnis für so komplexe Phänomene gewinnen können und daß intensive didaktische Vorbereitung und unterrichtliche Begleitung dazu notwendig sind. Die unten näher beschriebene Unterrichtsreihe geht daher von einer Situierung in Jahrgangsstufe 12 oder 13 aus.

2
Lernvoraussetzungen und Einbettung in Unterrichtsreihen

Das Neuartige an der expressionistischen Dichtung können Schüler nur dann wahrnehmen und würdigen, wenn sie mit traditioneller Reimlyrik des 19. Jahrhunderts vertraut sind und spezifisch lyrische Strukturen (Takt, Reim, Gedichtformen, z. B. Sonett, ferner Phänomene wie Symbolik, Metapher, Allegorie usw.) erkennen und ihre Funktion erfassen können.

Den ersten Einstieg erleichtert eine Betrachtung expressionistischer Malerei (etwa von Marc, Kirchner, Nolde, van Gogh). Da fächerübergreifender Unterricht im Kurssystem der Sekundarstufe II nicht möglich ist, sollte der Deutschlehrer selbst die Initiative ergreifen und mit Hilfe der in der Schule verfügbaren Medien die Schüler mit expressionistischer Malerei konfrontieren, ohne daß damit eine professionelle Bildanalyse angestrebt werden muß.

Einbettungsmöglichkeiten in eine Unterrichtssequenz bieten sich von mehreren Seiten her an. Hier sei nur eine Möglichkeit skizziert, das literarische Spektrum der Zeit zwischen Fin de siècle und Erstem Weltkrieg anhand repräsentativer Werke der verschiedenen literarischen Gattungen sichtbar zu machen: Die Folge richtet sich dabei nach dem Prinzip der ansteigenden Schwierigkeit:

1. Zeitkritik in Roman bzw. Drama: Heinrich Mann: *Der Untertan* und/oder Frank Wedekind: *Frühlings Erwachen.*
2. Die Antinomie von Kunst und Existenz als zeittypisches Thema: Thomas Mann: *Tonio Kröger* und/oder Hugo v. Hofmannsthal: *Der Tor und der Tod.*
3. Die Entdeckung des Unbewußten und die literarischen Folgen: Franz Kafka: *Das Urteil/Die Verwandlung*/Kurztexte
4. Die Dichtung der *Menschheitsdämmerung*: Expressionistische Lyrik

Verwendete Abkürzungen:

U I, II	= Unterrichtsverlauf	UG	= Unterrichtsgespräch
Mat.	= Materialien	Tb	= Tafelbild

3
Unterrichtssequenz

Grundkurs 12/13 (= UI) (10 Std. und Klausur)

Gegenstand	Lotz: Aufbruch der Jugend (1 Std.)
Didaktische Aspekte	Lebensgefühl der expressionistischen Generation: Revolution – Typische Stilzüge in Bild und Sprache
Unterrichtsverlauf	1. Gedichtvortrag durch den Lehrer – Spontaneindrücke, Fragen 2. Untersuchung der Ausgangssituation (1. Str.) 3. Darstellung des „Aufbruchs" (2.–3. Str.) 4. Realitätsbezug der Aussage (4.–5. Str.) – Besonderheit der sprachlichen Umsetzung 5. Selbstgefühl und Selbststilisierung (6. Str.)
Methodische Hilfen/ Impulse	2′ Stimmung/innere Befindlichkeit des „Wir" in der 1. Str.? Symbolische Bedeutung der Bilder (Samen, Wind, Gärten) (Tafelbild 1 a) 3′ Direkte Selbstdarstellung der Aufbruchsgeneration in Str. 2/3 – Indirekte Aussage durch semantisch auffällige Formulierungen (z. B. 2.1 und 3.1) – bevorzugte Bildfelder und deren Aussagewert Phase 3 als arbeitsteilige Gruppenarbeit möglich (zusammenfassendes Tafelbild 1b) 4′ Lassen sich im Gedicht Bezüge zur historischen Situation von 1912 bzw. zu einer politisch-ideologischen Richtung erkennen? 5′ Untersuchen Sie, wie Selbstdarstellung (2./3. Str.) in Str. 6 aufgegriffen und weitergeführt wird. – Bei Zeitknappheit auch als schriftliche Hausaufgabe möglich
Hausaufgabe	a) Stundenprotokoll (Ergebnisprotokoll) b) Einzelreferat: Die politische Lage/Zeitstimmung in Deutschland am Vorabend des Ersten Weltkriegs c) Referat/Korreferat: Thesenhafte Zusammenfassung zu Michel, J.: Tathafte Form (= Mat. 1) – Parallelen zu Lotz: *Aufbruch der Jugend*
Gegenstand	Stadler: Fahrt über die Kölner Rheinbrücke (2 Std.)
Didaktische Aspekte	Expressionistische Erlebnis- und Stiltendenz: Von der Realität zur Vision
Unterrichtsverlauf	1. Hausaufgaben, Referate 2. Gedichtvortrag – Spontanäußerungen 3. Aufbau: Verlauf der „Fahrt" – Stimmungskurve, Markierung von Phasen 4. Untersuchung der einzelnen Phasen

Methodische Hilfen/ Impulse	3′ Als Vorgabe kann angegeben werden: Unterscheiden Sie vier Phasen (bis Z. 9 – Z. 15 – Z. 24 – Ende) 4′ Die vier Phasen können nach gleichen Kategorien bei wechselnder Arbeitsform analysiert werden: a) Realitätsbezug b) Spiegelung des Erlebens in der Wortwahl (Schlüsselwörter, Bedeutungsfelder usw.) c) Sprachbilder und ihre Funktion (z. B. Metapher, Personifikation, Hyperbel) d) Satzbau und Rhythmus – Beziehung zur Aussage Phase 1: gelenktes UG Phase 2: arbeitsgleiche Stillarbeit – Auswertung im UG, Fixierung des Ergebnisses an der Tafel (s. Tb 2) Phase 3 und 4: UG
Hausaufgabe	Schriftliche Reorganisation der Analyse von Phase 3 und 4
Gegenstand	Benn: D-Zug (1 Std.)
Didaktische Aspekte	Rauschhafte Ich-Auflösung Strukturelle Entsprechung: Form-Auflösung
Unterrichtsverlauf	1. Besprechung der Hausaufgabe 2. Akustische Textpräsentation 3. Erster Durchgang: Klärung bzw. Fixierung von Einzelfragen 4. Die Aussage 5. Die Bildlichkeit 6. Zusammenhang von Titel und Text: Form und Rhythmus
Methodische Hilfen/ Impulse	2′ Damit nicht etwa der Vortragende von den Schülern mit dem impliziten lyrischen Sprecher in Beziehung gesetzt wird, empfiehlt es sich, das heikle Gedicht als Tonträgeraufnahme (möglichst von einem unbekannten Dritten gesprochen) zu präsentieren. 3′ Bei modernen Gedichten dieses Schwierigkeitsgrads kann ein erster kontinuierlicher Durchgang von Nutzen sein: Dabei werden Details geklärt: z. B. Bedeutung von „Georginen", „Resede", „letzte Mandel" – Hinweis auf mögliche Deutungen als: zweite Mandelblüte (vgl. George) oder (weniger plausibel) als südliche Frucht (vgl. Benn, *Drohungen*); die Beziehung von Ostsee – „Süden", „südliches Glück", Hinweis auf Nietzsches Unterscheidung von „apollinisch" und „dionysisch". Klärung des Aufbaus: „Männerstrophe – Frauenstrophe". 4′ Wie wird „Liebe" hier dargestellt? Rang der Sexualität? Beziehung: Sexus – Natur – Tod?

	5′ Als Stillarbeit (arbeitsteilige Gruppenarbeit): Bild- bzw. Wortfelder mit den Bedeutungszentren: a) Erfüllung, Reife b) Ende c) fallen – Untersuchung der Farbe „braun“: Ihre verschiedenen Konnotationen durch den Kontext und ihre zentrale Symbolik (s. Tb 3) 6′ Was hat der Titel mit dem Gedicht zu tun? – Rhythmische Wirkung des Gedichts? (Ausgangspunkt der Untersuchung: mehrmaliges experimentierendes Vortragen der Eingangszeilen) – Untersuchung des Satzbaus. Funktion? – Zusammenhang mit Form (Strophenbau, Takt, Taktfreiheit, Reimlosigkeit)?
Hausaufgabe	Bei Zeitknappheit kann Punkt 6 als schriftliche Hausaufgabe gestellt werden. Sonst: Vergleich des Meer-Motivs bei Stadler und Benn. – Evtl. Ausblick auf Bedeutung des Meeres etwa bei Thomas Mann o. ä.
Gegenstand	Lasker-Schüler: Dem Barbaren (1 Std.)
Didaktische Aspekte	Antithetik von Ich und Du sowie deren metaphorische Gestaltung
Unterrichts-verlauf	1. Hausaufgaben-Besprechung 2. Vorinformation zum biographischen Hintergrund 3. Gedichtvortrag durch Schüler – Klärung von Details 4. Zentrale Aussage – Aufbau des Gedichts 5. Untersuchung der Metaphorik: Inhalt und Struktur der Bilder
Methodische Hilfen/ Impulse	2′ Denkbar in Form eines Kurzreferats (mit vervielfältigter Zusammenfassung: Else Lasker-Schülers biographischer Werdegang bis 1913. (Textgrundlage: rororo-rm 283, s. Literaturverz.: Klüsener, E.) 3′ Das Gedicht bietet für den Vortrag nur geringe Schwierigkeiten. Daher kann dieser nach kurzer Vorbereitungszeit durch einen Schüler bzw. eine Schülerin erfolgen. An Details, die zum Teil durch Informationshilfe des Lehrers geklärt werden können, sind zu nennen: Bezug von *Dem Barbaren* und der Bedeutung der biblischen Figuren für Else L. S.s chiffrenhafte persönliche Bedeutung von „Meer“ und „Muscheln“. 4′ Zeigen Sie die Thematik und die zentrale Aussage auf. Setzen Sie dazu in Beziehung: a) Inhaltsstruktur, b) sprachliche Elemente wie z. B. Leitwörter und Satzbau.

	5′ Untersuchen Sie die Sprachbilder des Gedichts: – Aus welchen Bereichen sind sie entnommen? – Wie sind sie angeordnet? – Was sagen sie aus? Punkt 5 kann bei hinreichender Zeit als Stillarbeit mit anschließender Auswertung im UG, bei Zeitmangel als schriftliche Hausarbeit ausgeführt werden (s. Tb 4).
Hausaufgabe	a) Ergebnisprotokoll (Einzelarbeit) b) Interpretatorische Fragen zu *Drohungen* (= Mat. 5): – Wie stellt Benn sich selbst dar? – Wie seine Beziehung zu Else Lasker-Schüler?
Gegenstand	Trakl: An die Schwester (1 Std.)
Didaktische Aspekte	Charakterisierung einer Person mit spezifisch lyrischen Mitteln (Klang, Rhythmus, Sprachbild)
Unterrichts-verlauf	1. Besprechung der Hausaufgaben 2. Vorinformation zur Biographie, soweit zum Verständnis des Gedichts förderlich, durch den Lehrer 3. Gestaltendes Lesen durch Schüler – Erschließen der musikalischen Strukturen (vor allem der ersten Gedichthälfte) 5. Direkte und indirekte (bildhafte) Aussagen zum Thema: „Person – Schicksal – Gott" in der zweiten Gedichthälfte
Methodische Hilfen/ Impulse	2′ Ohne Wissen vom Schicksal der Schwester und von Trakls Verhältnis zu ihr ist der Zugang zum Gedicht schwieriger, wenn auch nicht unmöglich. Unter Umständen kann die biographische Information nach einem ersten Interpretationsversuch als zusätzliche Verstehenshilfe eingegeben werden. 3′ Das Gedicht lebt weitgehend von seiner Musikalität. Daher bietet sich der Versuch an, durch mehrfaches experimentierendes Sprechen Reimstruktur (Terzinen), innere Bindungen durch Alliterationen und Assonanzen sowie syntaktisch-rhythmische Charakteristika zunächst sinnlich zu erschließen und dann erst terminologisch zu kategorisieren. 4′ Realitätsbezug des Bildes? (z. B. Verhältnis von landschaftlicher Szenerie und Figur? Beziehung zwischen „Du" – „blaues Wild" – „Weiher"?) – Stimmungswirkung von „blau" im Kontext? (Dazu evtl. als Verstehenshilfe Nennung von „Parallelstellen" zu „blau" – vgl. Interpretationsteil) – Funktion des dreimaligen Reimworts „tönt"? 5′ Was sagt die letzte Strophe über das Verhältnis von „Person – Schicksal – Gott" aus? (Zur Sternsymbolik Verweis auf die letzte Strophe von *De profundis*)

Hausaufgabe (zur letzten Std. der Reihe!)	Gedichtinterpretation zu *In der Heimat* (= Mat. 7) – Stimmung – stimmungstragende Bilder – Struktur der Bilder (z. B. Kontrastwirkungen) – innere Entwicklung und Gedichtaufbau (Sonettform) – sonstige musikalische Strukturen – inhaltlicher Bezug zu *An die Schwester*
Gegenstand	Heym: Der Gott der Stadt (1 Std.)
Didaktische Aspekte	Dämonisierung der modernen Zivilisation – Zentrale Stilmittel: Dramatisierung, visionäre Personifikation
Unterrichts-verlauf	1. Gedichtvortrag – Klärung der Bedeutung von „Baal“ und „Korybanten“ – spontane Interpretationshypothesen 2. Aufbau des Gedichts, Formelemente 3. Bild des „Baal“ in Z. 1–5 4. Darstellung seiner „Kultgemeinde“ (Str. 2 und 3) 5. Baals Verhalten gegenüber seiner Anhängerschaft 6. Rückbezug auf die Deutungsansätze aus 1.: Zentrale Aussage
Methodische Hilfen/ Impulse	1′ Keine Vorinformation über Dichter und Entstehungszeit. Erst nach Äußerungen der Schüler über mutmaßliche Entstehungszeit Eingabe der Information. Nach der Spontanphase Hinweis: In dieser und der folgenden Gedichtstunde kein Tafelbild, sondern eigene Stichworte für eine spätere schriftliche Zusammenfassung! 2′ Untersuchen Sie Form und inhaltlichen Aufbau des Gedichts. Ziehen Sie Parallelen zum Aufbau des klassischen Dramas. 3′ Untersuchen Sie das Bild des „Baal“ (1.–5. Z.) nach Stimmung, Farben, Dimensionen, hervorgehobenen Details. 4′ Wie wird die „Kultgemeinde“ dargestellt? a) Zusammensetzung – Darstellung von Menschen b) Bildlichkeit (angesprochene Sinnesbereiche, Dimensionen) c) Sprachgebung und ihre Funktion (z. B. ungewöhnliche Verbpräfixe) 5′ Zeigen Sie die zunehmende Dynamik in Bild und Wortwahl, im Verhältnis von Satz und Verszeile auf (vgl. Str. 1–4/5) 6′ Was hat Heyms Baalsgestalt mit dem mythischen Baal der Phöniker gemeinsam? – Worin liegt der wesentliche Unterschied? – Bedeutung des Befundes für die Aussageintention?

Hausaufgabe	a) Schriftliche Zusammenfassung der wesentlichen Interpretationsergebnisse b) Lektüre von Trakl: *Unterwegs I*
Gegenstand	Trakl: Unterwegs I und II (2 Std.)
Didaktische Aspekte	Vom impressionistischen zum expressionistischen Stadtbild – Methode der genetischen Betrachtungsweise
Unterrichtsverlauf	1. Hausaufgabenbesprechung 2. Vortrag durch Schüler – Zusammentragen der Eindrücke und Fragen aufgrund der häuslichen Erstlektüre 3. Inhaltlicher Aufbau – Raum- u. Zeitstruktur 4. Perspektive und implizites lyrisches Ich 5. Detailanalyse signifikanter Bildkomplexe 6. Vorlesen der Fassung II 7. Feststellung der Veränderungen 8. Tendenz der Umarbeitung
Methodische Hilfen/ Impulse	3′ Wie ist das Gedicht inhaltlich strukturiert? (Führen Sie probeweise Umstellungsversuche durch.) – Charakterisieren Sie die Raumstruktur (z. B. Orientierungsmöglichkeit durch ein dreidimensionales Koordinatensystem? Raumkontinuum vorhanden? Zusammenhang der Dinge im Raum? Bewegung durch den Raum?). Zeitelemente im Gedicht (z. B. Tageszeit, Jahreszeit? Zeitablauf? Zeitstillstand? Zeitsprünge o. ä.) 4′ Blickführung – Kontinuität o. Diskontinuität? Einheitlicher perspektivischer Bezug auf einen Beobachterstandort? Besonderheit der Bildschnitte 5′ Arbeitsteilige Gruppenarbeit: a) Str. 5/6: Farb-und Lichtbehandlung – Bezug zur zeitgenössischen Malerei b) Str. 2, 3, 4, 8: Menschendarstellung 7′ Arbeitsgleiche Stillarbeit: Markieren Sie im Text von *Unterwegs II* (verschiedenfarbig) die Abweichungen von I in puncto: Bildinhalt – Struktur (Reim, Reimwörter usw.). 8′ Welche Tendenzen zeichnen sich ab in: Stimmung, Art der Bilder, Realitätsnähe, Verständlichkeit?
Hausaufgabe	a) Gedichtinterpretation: Trakl, *Vorstadt im Föhn* (= Mat. 9) Hilfsfragen: Welche Aspekte werden hervorgehoben? (Bildausschnitt, Nahaufnahme, Darstellung von Menschen) Bezug zur Realität (vgl. Anfang – Schluß) b) Charakterisierung des Expressionismus in verschiedenen Literaturgeschichten (Einzelreferate)

Gegenstand	Zusammenfassende Abschlußbesprechung: Lyrik des Expressionismus (1 Std.)
Unterrichtsverlauf	1. Hausaufgabenbesprechung 2. Referatvortrag 3. Textausschnitt Edschmid: *Expressionismus in der Dichtung* (= Mat. 10)
Methodische Hilfen/ Impulse	2′ Es geht nicht um einen chronologischen Abriß, sondern um die Sicht des Phänomens. Welche Literaturgeschichten herangezogen werden, ist nicht von primärer Bedeutung. Es soll vor allem deutlich werden, daß es verschiedene literaturgeschichtliche Perspektiven und Bewertungen gibt. 3′ Wie sieht Edschmid als Zeitgenosse und „Insider" die expressionistische Bewegung? Arbeitsschritte: – Wichtige Textaussagen unterstreichen – Thesenhafte Zusammenfassung erstellen – Zentrale Tendenzen herausstellen – Charakterisierung der Argumentation und Sprache dieses Redetextes

Leistungskurs (= UII) (15–18 Std.)

Gegenstand	Lotz: Aufbruch der Jugend (2 Std.)
Didaktische Aspekte	s. UI
Unterrichtsverlauf	Erste Stunde wie UI Zweite Stunde: 1. Zusammenfassende Untersuchung semantischer Stilmerkmale des Gedichts 2. Stefan Zweig: *Das neue Pathos* – Textzusammenfassung und Vergleich mit dem Gedicht von Lotz
Methodische Hilfen/ Impulse	1′ a) Verwendung und Funktion von Possessiv- und Personalpronomina b) Nomina: Verhältnis von Singular – Plural; konkrete – kollektive – abstrakte Begriffe c) Verben: vorherrschende Wortinhalte; Häufigkeit und Bedeutung der Verbpräfixe (er-, zer-, ver-, um-) d) Vorkommen und Funktion von Partizipien
Hausaufgabe	Gedichtvergleich: Lotz: *Aufbruch der Jugend* (1913)/Huelsenbeck: *Wir* (1914) (= Mat. 2) Zusätzlich: UI b) und c)

Gegenstand	Stadler: Fahrt über die Kölner Rheinbrücke (2 Std.)
Didaktische Aspekte	s. UI
Unterrichtsverlauf	s. UI
Methodische Hilfen/ Impulse	s. UI
Hausaufgabe	a) Ergebnisprotokoll zur Gedichtinterpretation (Einzelarbeit) b) Gedichtvergleich: Lotz und Stadler, unter Einbezug von Wertungsversuchen. Mögliche Wertungskriterien: Ist der Inhalt überzeugend strukturiert? – Wie differenziert ist die Wortwahl? – Bilderwelt? – Satzbau? – Haben diese Elemente einen erkennbaren Bezug zur Aussage?
Gegenstand	Benn: D-Zug (1–2 Std.)
Didaktische Aspekte	s. UI
Unterrichtsverlauf eventuell:	1.–6. s. UI 7. (Stillarbeit) Gedichtvergleich: Stadler: *Fahrt über die Kölner Rheinbrücke* – Benn: *D-Zug*
Methodische Hilfen/ Impulse	1'–6' s. UI 7' Mögliche Gliederung: a) Existenzgefühl b) Verarbeitung des Titelmotivs c) Art der Sprachbilder c) Aufbau – Satzbau – Rhythmus
Hausaufgabe	Gedichtinterpretation: Benn: *Gesänge* (= Mat. 3) Kurzreferat: Wie sieht Benn seine expressionistischen Anfänge aus dem Abstand von 40 Jahren? (= Mat. 4)
Gegenstand	Lasker-Schüler: Dem Barbaren (1–2 Std.)
Didaktische Aspekte eventuell:	s. UI Zweite Stunde: Typische Stilzüge der Poesie von E. L.-S.
Unterrichtsverlauf	1.–5. s. UI 6. Interpretation von E. L.-S.: *Palmenlied* (= Mat. 6) unter dem Aspekt: Gemeinsamkeiten mit dem Gedicht *Dem Barbaren* in Inhalt und Stil (schriftl. Partnerarbeit)
Hausaufgabe	s. UI
Gegenstand	Trakl: An die Schwester (2 Std.)

Didaktische Aspekte	s. UI
Unterrichts-verlauf	1.–5. s. UI 6. Einordnung von *An die Schwester* in den Zyklus der drei *Rosenkranzlieder* (= Mat. 8)
Methodische Hilfen/ Impulse	6' a) Welcher Zusammenhang besteht zwischen dem Titel des Zyklus und dem Inhalt der Gedichte? b) Welche strukturellen Gemeinsamkeiten weisen die drei Gedichte auf? c) Erstes und zweites Gedicht: inhaltliche Gemeinsamkeiten und Unterschiede (z. B. in der Stimmung, dem Motiv des Weihers) d) Entwicklungslinien von Gedicht 2 (2. und 3. Str.) zu Gedicht 3 (Titel, Todesmotiv) e) Symbolbedeutung der Farben „braun“ und „blau“ in *Amen.* (Kann bei Zeitknappheit Hausaufgabe werden.)
Hausaufgabe	s. UI – jedoch zur *vorletzten* Std. der Reihe!
Gegenstand	Heym: Der Gott der Stadt (1–2 Std.)
Didaktische Aspekte Unterrichts-verlauf Methodische Hilfen/ Impulse	Erste Stunde: s. UI
eventuell: *Gegenstand*	Zweite Stunde Vergleich: Heym: *Gott der Stadt* – Trakl: *Vorstadt im Föhn*
Didaktische Aspekte	Übung in der Methode des Vergleichs von motivverwandten Gedichten
Unterrichts-verlauf	1. *Vorstadt im Föhn*: Stimmung, stimmungstragende Elemente – Vergleich zu *Gott der Stadt* 2. Aufbau (Inhalt, Bild, Form): a) *Vorstadt im Föhn,* b) *Gott der Stadt* 3. Emotionale Bewertung des Phänomens „Großstadt“ bei Heym und Trakl
Hausaufgabe	Lektüre von Trakl: *Unterwegs I* – schriftliche Fixierung von ersten Eindrücken und Interpretationsfragen
Gegenstand	Trakl: Unterwegs I und II (2 Std.)

Didaktische Aspekte Unterrichts-verlauf Methodische Hilfen/ Impulse	s. UI
Hausaufgabe	a) Einzelreferat: Trakl in der Sicht von Zeitgenossen (= Mat. 11 u. 12) b) Einzelarbeit (evtl. Partnerarbeit): Von der „schönen Stadt" zum „Wahnsinn der großen Stadt". – Wandlungen in Trakls Sicht der Stadt von 1909 bis 1913. (Mat. 13: *Die schöne Stadt*, Mat. 14: *An die Verstummten*) a) und b) sind längerfristige Arbeiten. Sie können in Zusammenhang mit der Behandlung von *De profundis* (letztes Gedicht der Reihe) vorgetragen werden.
Gegenstand	Heym: Abend (1 Std.)
Didaktische Aspekte	Charakteristische Stiltendenz bei G. Heym – zum monumentalen Gesamtbild – zur Dramatisierung
Unterrichts-verlauf	1. Vortrag durch den Lehrer – Klärung von Details, Spontaneindrücke 2. Blickführung und Perspektive 3. Polarität in Bild und Vorgang 4. Sprache
Methodische Hilfen/ Impulse	2′ Wie wird der Blick von der ersten bis zur letzten Strophe geführt? (Bildzusammenhang, Ausprägung der Dimensionen) – Woran erkennt man den Standort des impliziten Ich? – Ziehen Sie Vergleiche zu Trakl, *Unterwegs.* 3′ Wie wird der Übergang vom Tag zur Nacht stilisiert? (Achten Sie z. B auf Farben, Sprachbilder.) 4′ Welche Funktion haben die Fremdwörter und die vorangestellten Genitive? – Welche Wirkung hat die Dominanz der generalisierenden Nomina bzw. der Kollektiva?
Hausaufgabe	Ergebnisprotokoll
Gegenstand	Trakl: De profundis (2 Std.)
Didaktische Aspekte	Die Parallelität im Schicksal von „Waise" und „Ich" – Ausdruck paradoxer Existenzerfahrung durch Bildchiffren

Unterrichts-verlauf	1. Besprechung der Hausaufgabe: a) Stundenprotokoll, b) Interpretation von *In der Heimat* 2. Gedichtvortrag – Formulierung von Fragen 3. Aufweis der religiösen Anspielungen 4. Eingangsbild: Abend 5. Die Figur der „Waise" und ihr Schicksal 6. Das „Ich" – Gemeinsamkeit und Unterschiede gegenüber der „Waise" 7. Vortrag der Referate zu Trakl
Methodische Hilfen/ Impulse	4′ Stimmung des Abends – stimmungstragende Bilder – Besonderheit des Satzbaus als Ausdruck der Existenzsituation des (erst in der 4. Str. hervortretenden) Ich 5′ Sinn der biblischen Anspielungen – Vergleich: Darstellung der „Waise" und das Bild der Schwester in *An die Schwester*: a) Bildelemente, b) Musikalität der Verse – Mögliche Bedeutungen des „Dornenbuschs" – Zusatzinformationen durch den Lehrer (vgl. Interpretationsteil) 6′ Stillarbeit: Die Beziehung von Ich und Gott. UG: Analogien und Unterschiede in der Situation der „Waise" und des „Ich". – Zusatzinformation zum Sternenmotiv bei Trakl durch den Lehrer. Diskussion: Ist die Gottverlassenheit des Ich als schicksalhaft gegeben oder als selbstverschuldet zu deuten?
Hausaufgabe	s. UI

Gegenstand	Zusammenfassende Abschlußbesprechung zu „Lyrik des Expressionismus" (1 Std.)
Unterrichts-verlauf	s. UI

4
Klausurvorschläge

Zu UI:

Georg Heym: *Printemps* (= Mat. 15)
Gedichtinterpretation:
1. Stimmung/Stimmungsablauf – besonders stimmungstragende Elemente
2. Die Bilder der ersten beiden Strophen (z. B. Blickführung, Perspektive, Art der Bilder, Symbolik)
3. Analoge Untersuchung zu den Bildern der letzten beiden Strophen

Eventuell:
4. Formelemente und ihre Funktion
   a) Satzbau und Rhythmus
   b) Klanggestalt des Gedichts

Georg Trakl: *Winterdämmerung* (= Mat. 17)
1. Grundstimmung – herausragende Belege
2. Untersuchung der Bilderfolge (z. B. Blickführung, Realitätsbezug)
3. Symbolik der Bilder – Existenzgefühl des Ich

Eventuell:
4. Sprachliche Elemente (Wortwahl, Satzbau) und ihre Entsprechung zu Bild und Aussage

Zu UII:

Georg Heym: *Kata* (= Mat. 16)

Information: kata = griech. Präposition, hier eher adverbial verstanden: etwa: „hinab"; Pagode = ostasiatischer Tempeltypus; Tetrarch = (griech.) „Vierfürst", d. h. bei Aufteilung der Herrschaft einer von vier Herrschern (z. B. Herodes, der Kindermörder)

1. Besonderheit in der Stilisierung der Abendsituation: Stimmung, Darstellung von Sonne und Mond, Struktur der Bilder bzw. Sprachbilder
2. Gestaltung des Raumes und der Zeitdimension (u. a. Funktion der altgriechischen und fernöstlichen Elemente)
3. Die Bedeutung von Klang in Inhalt und Form des Gedichts
4. Vergleich mit einem andern Ihnen bekannten Abendgedicht, z. B.: Heym: *Der Abend* (nur charakteristische Züge kurz zusammenfassen; Text muß ausgelegt werden)

Georg Trakl: *Winterdämmerung* (= Mat. 17)
Gedichtinterpretation:
1.–4. wie Klausur zu UI
5. Das musikalische Element in der Gestaltung der *Winterdämmerung* und sein Verhältnis zu Bild und Aussage

5
Tafelbilder

Tafelbild 1a zu Lotz: *Aufbruch der Jugend*

Antithetische Symbolik des Eingangsbildes:
„Müdigkeiten" – gesellschaftlich-politische Inaktivität des Fin-de-siècle-Dandy (vgl. Hofmannsthal)
„köstlich gepflegt" } – preziöse L'art-pour-l'art-Dichtung
„Blumen"
„welkten" – Ende dieser morbiden Lebenseinstellung

„Gärten" – Reife, Fruchtbarkeit, Zukunftsbezug
„flammend/Licht" }
„Wind" } – scharfe Kontraste, Dynamik, Vitalität
„Wolken" }
„Samen" – zukunftsträchtig

Tafelbild 1b zu Lotz: *Aufbruch der Jugend*

Selbstdarstellung bzw. -stilisierung der jungen Generation:
- Absage an Individualismus, WIR-Bewußtsein
- Antihaltung gegen Väterwelt/Ancien régime
- messianisches Sendungsbewußtsein
- Revolutionsdrang, aber irrationale, ungerichtete Dynamik
- Gefahr: Anfälligkeit für Radikalisierung und Totalitarismus

Tafelbild 2 zu Stadler: *Fahrt über die Kölner Rheinbrücke bei Nacht*

Erste Gedichthälfte:
Einleitende Abwärtsbewegung
Starke Metaphorik: Nacht, Dunkel, Isolation, Leblosigkeit
- Entsprechung: Zerbrechen des Zeitkontinuums
  Zerbrechen des Satzrahmens, Zäsuren, Hemmung im Bewegungsfluß bzw. im Sprechtempo

Zweite Gedichthälfte:
Dynamisch-hyperbolische Aufwärtsbewegung
Licht = Leben
Harmonie von Ich und Welt bis zur antizipierten orgiastischen All-Vereinigung (Symbol Meer – Ineinssetzung von Zeugung und Untergang)
Hymnische Sprache, An- und Ausrufe, Anaphern, strömender Rhythmus
- Am Schluß: Evokationsstil, Emphase durch satzlose Nominalkette

Tafelbild 3 zu Gottfried Benn: *D-Zug*

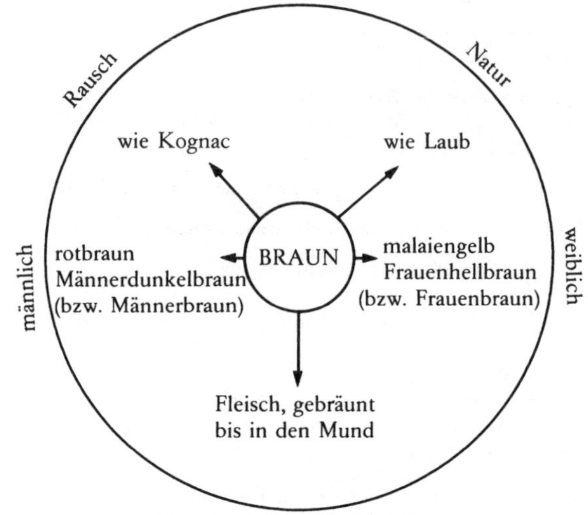

Mensch als animalisches Wesen

Tafelbild 4 zu Else Lasker-Schüler: *Dem Barbaren*

Zweipoligkeit
↙ in: ↘
a) zentraler Aussage b) Struktur/Stil

a) Ich *sucht* Beziehung zu Du, *findet* Gegensätzlichkeit, Unvereinbarkeit
Ausnahmepunkt: „das erschreckte Rauschen meiner Muscheln"

- poetische Produktion
- Gegensatz zwischen Ich und Du:

Ich:	Du:
winzig	riesig
untergeordnet	überlegen
vegetativ-lebendig	lebensfeindlich
verletzlich	verletzend
orientalisch	nordisch/barbarisch

b)
- Zweiteiligkeit des gesamten Gedichts (Str. 1–4, 5–9; „aber" jeweils als abschließende Markierung)
- Zweizeilige Strophen mit je zwei antithetischen Aussagen (Str. 2, 4, 5, 6, 9)
- antithetisch gesetzte Metaphern (chiffrenhaft)
  Bildbereiche: Körper – Natur
  (Beispiele: „Zedern" – „Steppe des Leibes" – „Meer" – „Herz")

6
Materialien

Mat. 1 WILHELM MICHEL: Tathafte Form

„…Wir haben erlebt, daß eine Weltkatastrophe vorgebildet ward im Bereich der künstlerischen Form. Mitten aus behaglichster Ruhe und fast stumpfem Selbstgenügen, unerschüttert von irgendwelchen sichtbaren Katastrophen, begann sich um 1910 die Form plötzlich zu erregen. Der Mensch sprang in die Kunst, wie eben geboren. Die Natur zerriß von oben bis unten. In brütende Stille schrien auf ein geheimes Stichwort rasende Rufe und Trompeten. Die zehntausend Schlachthörner der katalaunischen Felder schienen erwacht. Die Linien der Maler, vorher kurvenhaft zum Kreis strebend, zackten sich nach den Formen des Blitzes. Die Gestalt der Natur ward von heftigen Explosivkräften gesprengt. Aus der Zertrümmerung blickte ein panisches Auge. Oder sie ward zerstört und neu aufgebaut nach einem metallenen Gesetz, viel härter und herrischer als das des milden Wachstums, das wir in wirklicher Welt vorfinden. Im Ornament spitzte sich die Linie zu Keil- und Lanzenform. Aktivität des spitzen Winkels trat an die Stelle der runden Ruhe. In die Dichtung drang die erregte Syntax von Ruf und Manifest. Der Satz ward ein Kräftesystem, in dem es metallisch klirrte von Zug und Widerstand. Ein von heftigen Verben beherrschter Ausdruck zerbrach Welt und schuf Welt. In jeder Zeile war Schöpfung; nicht mehr ein Hinnehmen des Seienden, sondern ein neues, dynamisches Verhalten zu ihm als zu einem bloßen Rohstoff, aus dem das Werden der Dichterwelt bestritten wird. Bloßgelegte Kräfte zuckten. Alles wurde Drama, Zwist, Kampf, in der Anschauung wie in der Darstellung. Das Sein zerfiel, alles ging ins Werden. Ein heraklitischer Geist brach ein und empörte alle Gestalt.

Wir können nicht anders als diese Erregung in den Bezirken der Form mit Krieg und Revolution in die innigste Verbindung zu bringen: als Seismogramm, Aufzeichnung einer *zeit*fernen Erschütterung, wie der Seismograph *raum*ferne Erschütterungen aufzeichnet. Es hieße auf jede geschichtliche Anschauung verzichten, wollte man die Beziehung zwischen beiden Katastrophen leugnen. Zu allem Überfluß tritt noch eins, das Wesentliche, hinzu: Die urplötzlich erregte Form führte im Ethischen und Politischen eine Gesinnung herauf, die überhaupt erst unter dem Gesichtspunkt von Krieg und Revolution verständlich wird. Es glühten in ihr Gedanken von Menschheitserneuerung, von Niederreißung nationaler Schranken, von sittlicher Stählung, von Verwirklichung sozialer Gerechtigkeit, von Aktivierung und Verbrüderung des Geistes; Gedanken, denen Krieg und Revolution erst Sinn und Anwendbarkeit gebracht haben. Im Krieg zerfiel nach einer unerhörten Aufraffung eine neue Welt, wie im Expressionismus die Natur zerfiel. In der Revolution ward eine neue Weltschöpfung begonnen, wie im Expressionismus zerschlagene Welt neu geformt wird. Die politische und soziale Welt geriet ins Werden, wie die im engeren Sinne geistige Welt nach ihrem formalen Ausdruck ins Werden geraten war. Man kann sagen, der Expressionismus habe im Bezirk der Form eine Probemobilisierung der zerstörenden und bauenden Kräfte vorgenommen, die einige Jahre darauf in furchtbarer Wirklichkeit stattfand. Die ganze neue Einstellung des Geistes ist im Expressionismus vorgebildet, insbesondere die Einstellung auf Tat und ethischen Wert, auf das Überindividuelle und Übernationale, auf das Liebende und Verbindende: so, als hätte ein übermenschliches Bewußtsein das Kommen von Problemen geahnt, bei deren Lösung die aus solcher Einstellung fließenden Kräfte nicht entbehrt werden können. (...)“

(Aus: Rothe, Wolfgang [Hrsg.]: Der Aktivismus 1915–1920. München: Deutscher Taschenbuch Verlag 1969, dtv 625, 147/148)

Mat. 2 Richard Huelsenbeck: Wir

Wir kennen nicht die Sterne und die Nacht,
und nicht den Nebel, der sich wiegt auf Grüften;
wir wiegen uns in unsern fetten Hüften,
die Zimbel klittert und die Pauke kracht.

Wir schlafen bei den Weibern, die verderbt;
Gefängnisgitter waren oft herabgelassen,
und öfter klang die Peitsche der Kawassen,
die Väter haben heulend uns enterbt.

Wir sind der Wolf, der um die Plätze weht,
auf Opfer lauernd und um Blut zu trinken.
Die Frösche knallen. Polizisten hinken.
Ein fetter Priester seine Backen bläht.

Wir wissen nicht, ob wir auch einmal enden.
Paris? Berlin? Es ist uns alles gleich.
Wir hämmern mit den giftgeschwollenen Händen
uns unser großes Himmelreich.

(Aus: Aktion 4 [1914]. In: Benn, Gottfried [Hrsg.]: Lyrik des expressionistischen Jahrzehnts. München: Deutscher Taschenbuch Verlag 1962, dtv s 34, 182)

Mat. 3 Gottfried Benn: Gesänge

1.
Oh, daß wir unsre Ur-ur-ahnen wären.
Ein Klümpchen Schleim in einem warmen Moor.
Leben und Tod, Befruchten und Gebären
Glitte aus unseren stummen Säften vor.

Ein Algenblatt oder ein Dünenhügel:
Vom Wind geformtes und nach unten schwer.
Schon ein Libellenkopf, ein Möwenflügel
Wäre zu weit und litte schon zu sehr. –

2.
Verächtlich sind die Liebenden, die Spötter,
Alles Verzweifeln, Sehnsucht und wer hofft.
Wir sind so schmerzliche, durchseuchte Götter. –
Und dennoch denken wir des Gottes oft.

Die weiche Bucht. Die dunklen Wälderträume.
Die Sterne schneeballblütengross und schwer.
Die Panther springen lautlos durch die Bäume.
Alles ist Ufer. Ewig ruft das Meer. –

(Aus: Benn, Gottfried: Gedichte. Hrsg. v. Bruno Hillebrand. In: Gesammelte Werke Bd. I. Frankfurt: Fischer 1982, TB 5231, 47)

Mat. 4 „Also was ist der Expressionismus? Ein Konglomerat, eine Seeschlange, das Ungeheuer von Loch Ness, eine Art Ku-Klux-Klan? Oder trifft vielleicht zu, was 1934 ein berühmter Balladendichter, der bis 1933 etwas hatte zurücktreten müssen, in einem Verlagsalmanach wörtlich schrieb: ‚Das Milieu dieser expressionistischen Generation bilden Deserteure, Zuchthäusler und Verbrecher, die mit enormem Spektakel ihre Ware heraufgetrieben haben, wie betrügerische Börsianer eine faule Aktie, von zuchtloser Unanständigkeit', und dann nannte er Namen (darunter auch meinen). Ich möchte schon an dieser Stelle aussprechen, daß es sich nicht so verhält. Der Expressionismus war keineswegs eine besonders monströse Entartung, keine verbale Unentwirrbarkeit und trug nicht die Zeichen eines besonders ernsten charakterlichen Verfalls. Der Expressionismus drückte nichts anderes aus als die Dichter anderer Zeiten und Stilmethoden: sein Verhältnis zur Natur, seine Liebe, seine Trauer, seine Gedanken über Gott. Der Expressionismus war etwas absolut Natürliches, soweit Kunst und Stil etwas Natürliches sind und mit der Einschränkung, daß Gott und Natur für jede Generation etwas anderes werden. Über dies Anderssein später mehr.

(...)

Es war damals noch nicht die Zeit zu wissen, was jetzt in das allgemeine Bewußtsein dringt, daß die Kunst eine spezialistische Seite hat, daß diese spezialistische Seite in gewissen kritischen Zeiten ganz besonders in Erscheinung treten muß, und daß der Weg der Kunst zum Volk nicht immer der direkte einer unmittelbaren Aufnahme der Vision von der Allgemeinheit sein kann. Was meine Sparte angeht: Von Goethe bis George und Hofmannsthal hatte die deutsche Sprache eine einheitliche Färbung, eine einheitliche Richtung und ein einheitliches Gefühl, jetzt war es aus, der Aufstand begann. Ein Aufstand mit Eruptionen, Ekstasen, Haß, neuer Menschheitssehnsucht, mit Zerschleuderung der Sprache zur Zerschleuderung der Welt. Andere Gestalten, andere Gestalter traten jetzt auf als die Landschaftsbeträumer und Blümchenverdufter, die dem deutschen Publikum als innige Poeten aufgeredet wurden (und heute wieder aufgeredet werden) – sie schlugen ihr Sein in die Gasretorte, und damit es leuchtete, hielten sie sie schräg. Sie kondensierten, filtrierten, experimentierten, um mit dieser expressiven Methode sich, ihren Geist, die aufgelöste, qualvolle, zerrüttete Existenz ihrer Jahrzehnte bis in jene Sphären der Form zu erheben, in denen über versunkenen Metropolen und zerfallenen Imperien der Künstler, er allein, seine Epoche und sein Volk der menschlichen Unsterblichkeit weiht.
Gelang es ihnen? Man kann sich kein Urteil über die Bewegung bilden, wenn man sich nicht fragt, was aus ihr geworden wäre, wenn nicht der Krieg und dann die geschichtlichen Wendungen dieses gesamte Europa unterbrochen hätten. Ihre ersten Opfer brachten sie im ersten Krieg: Stramm, Stadler, Lichtenstein, Marc, Macke, Rudi Stephan, Lotz, Engelke, Sorge fielen, Trakl wurde ein freiwilliges Opfer des Krieges, andere starben früh. Und wenn sie alt geworden waren? Ich

bin sicher, und ich sehe und höre es von anderen, daß alle die echten Expressionisten, die jetzt also etwa meines Alters sind, dasselbe erlebt haben wie ich: daß gerade sie aus ihrer chaotischen Anlage und Vergangenheit heraus einer nicht jeder Generation erlebbaren Entwicklung von stärkstem innerem Zwang erlegen sind zu einer neuen Bindung und zu einem neuen geschichtlichen Sinn. Form und Zucht steigt als Forderung von ganz besonderer Wucht aus jenem triebhaften, gewalttätigen und rauschhaften Sein, das in uns lag und das wir auslebten, in die Gegenwart auf. Gerade der Expressionist erfuhr die sachliche Notwendigkeit, die die Handhabung der Kunst erfordert, ihr handwerkliches Ethos, die Moral der Form. Zucht will er, da er der Zersprengteste war; und keiner von ihnen, ob Maler, Musiker, Dichter, wird den Schluß jener Mythe anders wünschen, als daß Dionysos endet und ruht zu Füßen des klaren delphischen Gottes.
Noch aber steht sie da: 1910–1920. Meine Generation! Hämmert das Absolute in abstrakte, harte Formen: Bild, Vers, Flötenlied. Arm und rein, nie am bürgerlichen Erfolg beteiligt, am Ruhm, am Fett des schlürfenden Gesindes. Lebt von Schatten, macht Kunst. Meine Generation – und heute fast alle tot – nur in den bildenden Künsten sind noch einige große Alte da. Nimmt man die Anthologie ‚Menschheitsdämmerung' zur Hand, die Kurt Pinthus 1920 als erste und einzige Sammlung dieses lyrischen Kreises herausgab, so zeigt sich, es ist auf dem westlichen Kontinent außer mir kaum noch jemand da. Es war eine belastete Generation: verlacht, verhöhnt, politisch als entartet ausgestoßen – eine Generation jäh, blitzend, stürzend, von Unfällen und Kriegen betroffen, auf kurzes Leben angelegt. Ich habe mich in den letzten Jahren oft gefragt, welches das schwerere Verhängnis ist, ein Frühvollendeter oder ein Überlebender, ein Altgewordener zu sein. Ein Überlebender, der zusätzlich die Aufgabe übernehmen mußte, die Irrungen seiner Generation und seine eigenen Irrungen weiterzutragen, bemüht, sie zu einer Art Klärung, zu einer Art Abgesang zu bringen, sie bis in die Stunde der Dämmerung zu führen, in der der Vogel der Minerva seinen Flug beginnt. Meine Erfahrung hinsichtlich des Überlebens heißt: Bis zum letzten Augenblick nichts anerkennen können als die Gebote seines inneren Seins, oder, um mit einem Satz von Joseph Conrad zu enden: ‚Dem Traum folgen und nochmals dem Traum folgen und so ewig – usque ad finem.' Das heißt, man muß als Künstler auf die Dauer nicht nur Talent, sondern auch Charakter haben und tapfer sein."

(Aus: Benn, Gottfried [Hrsg.]: Lyrik des expressionistischen Jahrzehnts. München: Deutscher Taschenbuch Verlag 1962, dtv s 34, 9–15)

Mat. 5 Gottfried Benn: Drohungen (Entstanden: 25. 6. 1913)

Aber wisse:
Ich lebe Tiertage. Ich bin eine Wasserstunde.
Des Abends schläfert mein Lid wie Wald und Himmel.
Meine Liebe weiß nur wenig Worte:

Es ist so schön an deinem Blut. –

Mein königlicher Becher!
Meine schweifende Hyäne!
Komm in meine Höhle. Wir wollen helle Haut sein.
Bis der Zedernschatten über die kleine Eidechse lief:
Du – Glück –

Ich bin Affen-Adam. Rosen blühn in mein Haar.
Meine Vorderflossen sind schon lang und haarig.
Baumast-lüstern. An den starken Daumen
Kann man tagelang herunterhängen. –

Ich treibe Tierliebe.
In der ersten Nacht ist alles entschieden.
Man faßt mit den Zähnen, wonach man sich sehnt.
Hyänen, Tiger, Geier sind mein Wappen. –

Nun fährst du über Wasser. Selbst so segelhaft.
Blondhäutig. Kühles Spiel:
Doch bitterrot, das Blut darin ist tot,
Ein Spalt voll Schreie ist dein Mund.
Du, daß wir nicht an einem Ufer landen!
Du machst mir Liebe: blutigelhaft:
Ich will von dir. –

Du bist Ruth. Du hast Ähren an deinem Hut.
Dein Nacken ist braun von Makkabäerblut.
Deine Stirn ist fliehend: Du sahst so lange
Über die Mandeln nach Boas aus.
Du trägst sie wie ein Meer, daß nichts Vergossenes
Im Spiel die Erde netzt.
Nun rüste einen Blick durch deine Lider:

Sieh: Abgrund über tausend Sternen naht.
Sieh: Schlund, in den du es ergießen sollst.
Sieh: Ich –

Mat. 6 Else Lasker-Schüler: Palmenlied

O du Süßgeliebter,
Dein Angesicht ist mein Palmengarten,
Deine Augen sind schimmernde Nile
Lässig um meinen Tanz.

In deinem Angesicht sind verzaubert
Alle die Bilder meines Blutes,
Alle die Nächte, die sich in mir gespiegelt haben.

Wenn deine Lippen sich öffnen,
Verraten sie meine Seligkeiten.

Immer dieses Pochen nach dir –
Und hatte schon geopfert meine Seele.

Du mußt mich inbrünstig küssen,
Süßerlei Herzspiel;
Wir wollen uns im Himmel verstecken.

O du Süßgeliebter.

(Aus: Lasker-Schüler, Else: Gedichte 1902–1943. Hrsg. v. Friedhelm Kemp. München: Deutscher Taschenbuch Verlag 1986, dtv 1480, 215)

Mat. 7 Georg Trakl: In der Heimat

Resedenduft durchs kranke Fenster irrt;
Ein alter Platz, Kastanien schwarz und wüst.
Das Dach durchbricht ein goldener Strahl und fließt
Auf die Geschwister traumhaft und verwirrt.

Im Spülicht treibt Verfallnes, leise girrt
Der Föhn im braunen Gärtchen; sehr still genießt
Ihr Gold die Sonnenblume und zerfließt.
Durch blaue Luft der Ruf der Wache klirrt.

Resedenduft. Die Mauern dämmern kahl.
Der Schwester Schlaf ist schwer. Der Nachtwind wühlt
In ihrem Haar, das mondner Glanz umspült.

Der Katze Schatten gleitet blau und schmal
Vom morschen Dach, das nahes Unheil säumt,
Die Kerzenflamme, die sich purpurn bäumt.

(Trakl, Georg: Das dichterische Werk. Auf Grund der historisch-kritischen Ausgabe v. Walther Killy u. Hans Szklenar. München: Deutscher Taschenbuch Verlag 1972, dtv 6001, 35)

Mat. 8 Georg Trakl: Rosenkranzlieder

An die Schwester

Wo du gehst wird Herbst und Abend,
Blaues Wild, das unter Bäumen tönt,
Einsamer Weiher am Abend.

Leise der Flug der Vögel tönt,
Die Schwermut über deinen Augenbogen.
Dein schmales Lächeln tönt.

Gott hat deine Lider verbogen.
Sterne suchen nachts, Karfreitagskind,
Deinen Stirnenbogen.

Nähe des Todes *(2. Fassung)*

O der Abend, der in die finsteren Dörfer der Kindheit geht.
Der Weiher unter den Weiden
Füllt sich mit den verpesteten Seufzern der Schwermut.

O der Wald, der leise die braunen Augen senkt,
Da aus des Einsamen knöchernen Händen
Der Purpur seiner verzückten Tage hinsinkt.

O die Nähe des Todes. Laß uns beten.
In dieser Nacht lösen auf lauen Kissen
Vergilbt von Weihrauch sich der Liebenden schmächtige Glieder.

Amen

Verwestes gleitend durch die morsche Stube;
Schatten an gelben Tapeten; in dunklen Spiegeln wölbt
Sich unserer Hände elfenbeinerne Traurigkeit.

Braune Perlen rinnen durch die erstorbenen Finger.
In der Stille
Tun sich eines Engels blaue Mohnaugen auf.

Blau ist auch der Abend;
Die Stunde unseres Absterbens, Azraels Schatten,
Der ein braunes Gärtchen verdunkelt.

(Aus: Trakl, Georg: Das dichterische Werk. München 1972, dtv 6001, 34)

Mat. 9 GEORG TRAKL: Vorstadt im Föhn

Am Abend liegt die Stätte öd und braun,
Die Luft von gräulichem Gestank durchzogen.
Das Donnern eines Zugs vom Brückenbogen –
Und Spatzen flattern über Busch und Zaun.

Geduckte Hütten, Pfade wirr verstreut,
In Gärten Durcheinander und Bewegung,
Bisweilen schwillt Geheul aus dumpfer Regung,
In einer Kinderschar fliegt rot ein Kleid.

Am Kehricht pfeift verliebt ein Rattenchor.
In Körben tragen Frauen Eingeweide,
Ein ekelhafter Zug voll Schmutz und Räude,
Kommen sie aus der Dämmerung hervor.

Und ein Kanal speit plötzlich feistes Blut
Vom Schlachthaus in den stillen Fluß hinunter.
Die Föhne färben karge Stauden bunter
Und langsam kriecht die Röte durch die Flut.

Ein Flüstern, das in trübem Schlaf ertrinkt.
Gebilde gaukeln auf aus Wassergräben,
Vielleicht Erinnerung an ein früheres Leben,
Die mit den warmen Winden steigt und sinkt.

Aus Wolken tauchen schimmernde Alleen,
Erfüllt von schönen Wägen, kühnen Reitern.
Dann sieht man auch ein Schiff auf Klippen scheitern
Und manchmal rosenfarbene Moscheen.

(Aus: Trakl, Georg: Das dichterische Werk. München 1972, dtv 6001, 30)

 KASIMIR EDSCHMID: Expressionismus in der Dichtung

„Es kamen die Künstler der neuen Bewegung.
Sie gaben nicht mehr die leichte Erregung. Sie gaben nicht mehr die nackte Tatsache. Ihnen war der Moment, die Sekunde der impressionistischen Schöpfung nur ein taubes Korn in der mahlenden Zeit. Sie waren nicht mehr unterworfen den Ideen, Nöten und persönlichen Tragödien bürgerlichen und kapitalistischen Denkens.
(...) Ihnen entfaltete das *Gefühl* sich maßlos.
Sie sahen nicht.
Sie schauten.
Sie photographierten nicht.
Sie hatten Gesichte. (...)
Die Erde ist eine riesige Landschaft, die Gott uns gab. Es muß nach ihr so gesehen werden, daß sie unverbildet zu uns kommt. Niemand zweifelt, daß das Echte nicht sein kann, was als äußere Realität erscheint. Die Realität muß von uns geschaffen werden. Der Sinn des Gegenstands muß erwühlt sein. Begnügt darf sich nicht werden mit der geglaubten, gewähnten notierten Tatsache, es muß das Bild der Welt rein und unverfälscht gespiegelt werden. Das aber ist nur in uns selbst.
So wird der ganze Raum des expressionistischen Künstlers Vision. Er sieht nicht, er schaut. Er schildert nicht, er erlebt. Er gibt nicht wieder, er gestaltet. Er nimmt nicht, er sucht. Nun gibt es nicht mehr die Kette der Tatsachen: Fabriken, Häuser, Krankheit, Huren, Geschrei und Hunger. Nun gibt es die Vision davon. Die Tatsachen haben Bedeutung nur soweit, als durch sie hindurchgreifend die Hand des Künstlers nach dem faßt, was hinter ihnen steht.
Er sieht das Menschliche in den Huren, das Göttliche in den Fabriken. Er wirkt die einzelne Erscheinung in das Große ein, das die Welt ausmacht. Er gibt das tiefere Bild des Gegenstands, die Landschaft seiner Kunst ist die große paradiesische, die Gott ursprünglich schuf, die herrlicher ist, bunter und unendlicher als jene, die unsere Blicke nur in empirischer Blindheit wahrzunehmen vermögen, die zu schildern kein Reiz wäre, in der das Tiefe, Eigentliche und im Geiste Wunderbare zu suchen sekündlich voll von neuen Reizen und Offenbarungen wird.
Alles bekommt Beziehung zur Ewigkeit. Der Kranke ist nicht nur der Krüppel, der leidet. Er wird die Krankheit selbst, das Leid der ganzen Kreatur scheint aus seinem Leib und bringt das Mitleid herab von dem Schöpfer. Ein Haus ist nicht mehr Gegenstand, nicht mehr nur Stein, nur Anblick, nur ein Viereck mit Attributen des Schön- oder Häßlichseins. Es steigt darüber hinaus. Es wird so lange gesucht in seinem eigentlichsten Wesen, bis seine tiefere Form sich ergibt, bis *das* Haus aufsteht, das befreit ist von dem dumpfen Zwang der falschen Wirklichkeit, das bis zum letzten Winkel gesondert ist und gesiebt auf den Ausdruck, der auch auf Kosten seiner Ähnlichkeit den letzten Charakter herausbringt, bis es schwebt oder einstürzt, sich reckt oder gefriert, bis endlich alles erfüllt ist, das an Möglichkeiten in ihm schläft. Eine Hure ist nicht mehr ein Gegenstand, behängt und bemalt mit den Dekorationen ihres Handwerks. Sie wird ohne Parfüme, ohne Farben, ohne Tasche, ohne wiegende Schenkel erscheinen. Aber ihr eigentliches Wesen muß aus ihr herauskommen, daß in der Einfachheit der Form doch alles gesprengt wird von den Lastern, der Liebe, der Gemeinheit und der Tragödie, die ihr Herz und ihr Handwerk ausmachen. Denn die Wirklichkeit ihres menschlichen

Daseins ist ohne Belang. Ihr Hut, ihr Gang, ihre Lippe sind Surrogate. Ihr Wesen ist darin nicht erschöpft.

Jeder Mensch ist nicht mehr Individuum, gebunden an Pflicht, Moral, Gesellschaft, Familie. Er wird in dieser Kunst nichts als das erhebendste und kläglichste: er wird Mensch.

Hier liegt das Neue und Unerhörte gegen die Epochen vorher. Hier wird der bürgerliche Weltgedanke endlich nicht mehr gedacht. Hier gibt es keine Zusammenhänge mehr, die das Bild des Menschlichen verschleiern. Keine Ehegeschichten, keine Tragödien, die aus Zusammenprall von Konvention und Freiheitsbedürfnis entstehen, keine Milieustücke, keine gestrengen Chefs, lebenslustigen Offiziere, keine Puppen, die an den Drähten psychologischer Weltanschauungen hängend mit Gesetzen, Standpunkten, Irrungen und Lastern dieses von Menschen gemachten und konstruierten Gesellschaftsdaseins spielen, lachen und leiden. Durch alle diese Surrogate greift die Hand des Künstlers grausam hindurch. Es zeigt sich, daß sie Fassaden waren. Aus Kulisse und Joch überlieferten verfälschten Gefühls tritt nichts als der Mensch.

Keine blonde Bestie, kein ruchloser Primitiver, sondern der einfache, schlichte Mensch, sein Herz atmet, seine Lunge braust, er gibt sich hin der Schöpfung, von der er nicht ein Stück ist, die in ihm sich schaukelt, wie er sie wieder spiegelt. Sein Leben reguliert sich ohne die kleinliche Logik, ohne Folgerung, beschämende Moral und Kausalität lediglich nach dem ungeheuren Gradmesser seines Gefühls. Mit diesem Ausbruch seines Inneren ist er allem verbunden. Er begreift die Welt, die Erde steht in ihm. Er steht auf ihr mit beiden Beinen angewachsen, seine Inbrunst umfaßt das Sichtbare und das Geschaute. Nun ist der Mensch wieder großer unmittelbarer Gefühle mächtig. Er steht da, so deutlich in seinem Herzen zu erfassen, so absolut ursprünglich von den Wellen seines Bluts durchlaufen, daß es erscheint, er trüge sein Herz auf der Brust gemalt. Er bleibt nicht mehr Figur. Er ist wirklich Mensch. Er ist verstrickt in den Kosmos, aber mit kosmischem Empfinden. Er klügelt sich nicht durch das Leben. Er geht hindurch. Er denkt nicht über sich, er erlebt sich. Er schleicht nicht um die Dinge, er faßt sie im Mittelpunkt an. Er ist nicht un-, nicht über-menschlich, er ist nur Mensch, feig und stark, gut und gemein und herrlich, wie ihn Gott aus der Schöpfung entließ. So sind ihm alle Dinge, deren Kern, deren richtiges Wesen er zu schauen gewohnt ist, nahe. Er wird nicht unterdrückt, er liebt und kämpft unmittelbar. Sein großes Gefühl allein, kein verfälschtes Denken führt ihn und leitet ihn. So kann er sich steigern und zu Begeisterungen kommen, große Ekstasen aus seiner Seele aufschwingen lassen. Er kommt bis an Gott als die große, nur mit unerhörter Ekstase des Geistes zu erreichende Spitze des Gefühls. (...)

Es ist eine Lüge, daß das, was mit verbrauchtem Abwort das Expressionistische genannt wird, neu sei. Schändung, es umfasse eine Mode. Verleumdung, es sei eine nur künstlerische Bewegung.

Immer wenn der oder jener der Menschheit die Wurzeln der Dinge in der Hand hielt und seine Faust Griffe hatte und Ehrfurcht, gelang das Gleiche. Diese Art des Ausdrucks ist nicht deutsch, nicht französisch. Sie ist übernational. Sie ist nicht nur Angelegenheit der Kunst. Sie ist Forderung des Geistes. Sie ist kein Programm des Stils. Sie ist eine Frage der Seele. Ein Ding der Menschheit.

Es gab Expressionismus in jeder Zeit. Keine Zone, die ihn nicht hatte, keine Religion, die ihn nicht feurig schuf. Kein Stamm, der nicht das dumpfe Göttliche damit besang und formte. Ausgebaut in großen Zeiten mächtiger Ergriffenheit, gespeist aus tiefen Schichten harmonisch gesteigerten Lebens, einer breit ins Hohe wachsenden, in Harmonie gebildeten Tradition wurde der Stil der Gesamtheit: Assyrer, Perser, die Gotik, Ägypter, die Primitiven, altdeutsche Maler hatten ihn. Bei ganz tiefen Völkern, die Witterung der Gottheit aus schrankenloser Natur überstob, wurde er anonymer Ausdruck der Angst und Ehrfurcht. Großen einzelnen Meistern, deren Seele von Fruchtbarkeit übervoll war, heftete er sich als natürlichster Ausdruck in ihr Werk. Er war in der dramatischsten Ekstase bei Grünewald, lyrisch in den Jesuliedern der Nonne, bewegt bei Shakespeare, unerbittlich in der Weichheit bei den Märchen der Chinesen, in der Starre bei Strindberg. Nun ergreift er eine ganze Generation.

Eine ganze Generation Europas. Die große Welle einer geistigen Bewegung schlägt überall hoch. Die Sehnsucht der Zeit fordert das Letzte. Eine ganze Jugend sucht gerecht zu werden der Forderung. Was kommen wird, ist der Kampf der Kraft mit der Forderung. Denn daß Kunstwerke entstanden, war nie allein Folge der Idee. Sie ist nur die Sehnsucht nach Vollkommenerem, die in die Menschen schlägt. Zur Formung gehört die Kraft. Die Generation wird sie besitzen oder nicht. Das liegt nach vorwärts und entzieht sich unserem Hirn. Um so schärfer, da diese Hauptgefahr einer Bewegung noch im Dunklen liegt, muß die Forderung nach dem Echten mit Strenge gestellt sein. Nur innere Gerechtigkeit bringt bei so hohem Ziele das Radikale. Schon wird das, was Ausbruch war, Mode. Schon schleicht übler Geist herein. Nachläuferisches aufzudecken, Fehler bloß zu legen, Ungenügendes zu betonen, bleibt die Aufgabe der Ehrlichen, soweit es klar liegt und schon erkennbar ist. Der tiefste Wert und der tiefste Sinn liegt uns allen verborgen."

(Gew. Edschmid, Kasimir: Expressionismus in der Dichtung. 1918. Rede, gehalten am 13. Dezember 1917 vor dem Bund Deutscher Gelehrter und Künstler und der Deutschen Gesellschaft 1914)

Mat. 11 „10. XII.: Vorlesung Robert Michel/Georg Trakl. In der Besprechung des Autorenabends im ‚Allgemeinen Tiroler Anzeiger' Nr. 286 vom 13. 12. 1913, S. 2 heißt es (zitiert nach: HKA, Bd. II, S. 720): ‚... Anders dürfte es um die Vorlesungen Trakls (stehen), aus denen die überzeugende Kraft einer eigenartigen Persönlichkeit des Geistes spricht. Der Dichter las leider zu schwach, wie von Verborgenheiten heraus, aus Vergangenheiten oder Zukünften, und erst später konnte man in den monotonen gebethaften Zwischensprachen dieses schon äußerlich ganz eigenartigen Menschen Worte und Sätze, dann Bilder und Rhythmen erkennen, die seine futuristische Dichtung bilden. Alles wird Bild und Gleichnis in ihm, tauscht sich in seiner Seele zu andern Ausdrucksmöglichkeiten um, die dann den Menschen von heute noch nicht liegen, aber doch so überzeugend gebracht werden, daß man ihre Möglichkeiten glaubt. Allerdings, wann dieses Dichters Zeit gekommen sein wird? – Denn ein Dichter ist dieser stille, alles in sich umtauschende Mensch gewiß, davon überzeugt jedes seiner Gedichte, die Offenbarungen gleich wirken. Aber das Publikum, das von heute und morgen, versteht ihn noch lange nicht, und die Klaköre, die gar so laut taten, am allerwenigsten.'

In der Besprechung in den ‚Innsbrucker illustr. Neuesten Nachrichten' Nr. 12 vom 12. 12. 1913, S. 5 heißt es (zitiert nach: HKA Bd. II, S. 720 f.): ‚... Georg Trakl erntete mit seinen geistvollen Gedichten (Die junge Magd – Sebastian im Traum – Abendmuse – Elis – Sonja – Afra – Kaspar Hauser Lied – Helian) reichen Applaus, wenngleich seine Vorlese-Art besser für einen intimen Zirkel als für einen größeren Saal paßt und die zuweilen übergroße Gedämpftheit des Vortrages manches untergehen ließ. Der Abend war ein literarisches Ereignis für Innsbruck, für welches Kenner den Veranstaltern vollen Dank wissen werden. ...'"

(Aus: Trakl, Georg: Das dichterische Werk. München 1972, dtv 6001, 322/323)

Mat. 12 Ludwig von Ficker: Brief an Werner Meyknecht über Georg Trakl

„Mühlau b. Innsbruck, Schloßfeld, 28. 1. 1938

Die tragische Beziehung Trakls zu seiner Schwester – die Selbstvernichtung gleichsam in der Beziehung zum eigenen Blut – ist aus seinen Dichtungen herauszulesen (bestätigt auch durch eines der Jugendgedichte). Sie ist für das Bild des Menschen bei Trakl wichtig, für das Inferno, durch das er gegangen ist, um seine Erlösungshoffnung, die ganze Passion, durch die er gegangen ist, zu verstehen. Das Seherische, gerade in der Art, wie Sie es zitieren, kommt bei Trakl aus diesem Fegefeuer, diesem brennenden Dornbusch seines Wahrnehmungsvermögens im Bewußtsein seiner Schuld, begangen am Ebenbild seiner Verzweiflung in Fleisch und Blut. Darüber war Trakl persönlich die Verstummtheit selbst, doch hat sich mir seine Schwester, die nach seinem Tode nur mehr ein Schatten seiner und ihrer selbst war, in einem verzweifelten Selbstverwerfungsbedürfnis – sie hat ja dann später Hand an sich gelegt – darüber einmal anvertraut. Wie weit hier aber bei Trakl die Vision der Erlösung über die Tragweite seines Schuldbewußtseins hinausgeht, mögen Sie an dem Vers ermessen: ‚Aber strahlend heben die silbernen Lider die Liebenden: *Ein* Geschlecht.‘ Friedrich Pater hat das einmal in ‚Brenner‘ (VII, 1, S. 146) – ich lege den Band bei – im Sinne des Begriffs der Androgyne, dessen Bedeutung für das Ideal der Romantik er hervorhebt, verstehen wollen. Das hat etwas für sich, wenn man in der Abstraktion der Anschauung, im Bereich des Übertragenen bleibt. Aber wie wenig hier Trakl ein Ideal vorschwebte, sondern im Gegenteil die Erlösung aus einer furchtbaren Realität, das Aufgehen seiner Sehnsucht in eine jenseitige Realität der Versöhnung alles Gegensätzlichen, wie sehr ihm als Auferstehung des Fleisches die Aufhebung des Gegensatzes der Geschlechter, der Leidenschaft des eigenen im anderen Geschlecht, vor Augen stand, das dürfte jedem erschütternd klar werden, der einmal ganz konkret erfaßt hat, aus welcher Tiefe erlebter Schuld und erlittener Verzweiflung das eigentümliche Gesicht von Trakls Prophetie, die Mündigkeit seiner Ergriffenheit als Seher steigt. Dann wird er auch die weittragende metaphysische Bedeutung dieses tragischen Einverständnisses zwischen Bruder und Schwester ahnen, diesen Blutsturz der Erkenntnis, der zwei Geschwister antrieb, sich im Bösen zu erkennen, sich aufzugeben und aufzuheben in der Mischung der Geschlechter innerhalb des eigenen Geschlechts, des so in seiner Fluchbeladenheit begriffenen. Der Selbstvernichtungsdrang, aber auch das Erlösungsbedürfnis, welche diesem Passionsverhältnis zwischen Bruder und Schwester zugrunde lagen, gewannen im Wesen Trakls schließlich einen leidvoll gefaßten, in dem seiner Schwester einen schmerzlich verzerrten Ausdruck. Es schien, als sei der Bruder das Gehäuse des Geistes um die zerbrechliche Seele der Schwester, der ‚Jünglingin‘, die ihm wie sein Negativbild glich, und ohne eine Ahnung davon, wie das kreatürlich zusammenhängt, wird man die bittere Frucht dieses Sündenfalls in ihrer paradiesischen Herkunft nicht leicht erkennen. Darüber spreche ich mich hier zum ersten Mal aus – und zwar mit Absicht in die Ferne, zu einem Unbekannten –, weil ich spüre, daß hier im Rahmen Ihres Themas, wenn es ehrfürchtig und behutsam angepackt wird, vielleicht die einzige Gelegenheit ist, ein ernstes und gewichtiges Wort darüber zu sagen – eines, das vielleicht verhindern kann, daß später einmal Unberufene an diese todernsten, aber leicht verkennbaren Dinge rühren. Es lassen sich auf Grund meiner Andeutungen wahrscheinlich auch die Spuren in den Dichtungen selbst leichter verfolgen, die auf die spirituelle Tragweite dieses Grundschulderlebnisses der Menschheit in den Gesichten des Dichters hinweisen, und das Bild des Menschen bei Trakl kann so eine Aufhellung erfahren, die Ihrem Wahrnehmungsbedürfnis sehr entgegenkommt und die Richtung, in der es sich bewegt, rechtfertigt. Auf diese Objektivation wird es um so mehr ankommen, als der Dichter selbst, wie gesagt, nie ein Wort darüber verlor, aber sichtbar gebeugt unter die Last eines solchen Schicksals in seiner Haltung war und Augenblicken des Nachsinnens und der Versunkenheit stets mit einem Seufzer ein Ende setzte. (Er hat auch ‚Christus'), den Namen des neuen Adam, das einzige Mal, als er ihn hinsetzte in seine späten Dichtungen, ganz hart und kristallen mit ‚K' geschrieben – sein ganzes Leid schien mir darin konzentriert durchsichtig gemacht.) In dem Nachruf, den ich am Grabe Trakls hielt, habe ich ja angedeutet, wie ich dieses Schuldverhältnis zwischen Bruder und Schwester, das wie aus dem Herzen des Bösen in die Schwermut der Liebe und hinauf in Gottes Barmherzigkeit gehoben schien, im Aspekt seiner Verklärung sehe. Ich glaube nicht, daß man es, will man ihm gerecht werden, in einer volleren Wirklichkeit als dieser sehen kann. (...)"

(Aus: Ficker, Ludwig v., Brief an Werner Meyknecht vom 28. 1. 1938. In: Killy, Walther [Hrsg.]: Die Deutsche Literatur. Texte und Zeugnisse, Bd. VII: 20. Jahrhundert, 1880–1933. München: Beck'sche Verlagsbuchhandlung 1967, 612–614)

Mat. 13 GEORG TRAKL: Die schöne Stadt

Alte Plätze sonnig schweigen.
Tief in Blau und Gold versponnen
Traumhaft hasten sanfte Nonnen
Unter schwüler Buchen Schweigen.

Aus den braun erhellten Kirchen
Schaun des Todes reine Bilder,
Großer Fürsten schöne Schilder.
Kronen schimmern in den Kirchen.

Rösser tauchen aus dem Brunnen.
Blütenkrallen drohn aus Bäumen.
Knaben spielen wirr von Träumen
Abends leise dort am Brunnen.

Mädchen stehen an den Toren,
Schauen scheu ins farbige Leben.
Ihre feuchten Lippen beben
Und sie warten an den Toren.

Zitternd flattern Glockenklänge,
Marschtakt hallt und Wacherufen.
Fremde lauschen auf den Stufen.
Hoch im Blau sind Orgelklänge.

Helle Instrumente singen.
Durch der Gärten Blätterrahmen
Schwirrt das Lachen schöner Damen.
Leise junge Mütter singen.

Heimlich haucht an blumigen Fenstern
Duft von Weihrauch, Teer und Flieder.
Silbern flimmern müde Lider
Durch die Blumen an den Fenstern.

(Aus: Trakl, Georg: Das dichterische Werk. München 1972, dtv 6001, 15)

Mat. 14 GEORG TRAKL: An die Verstummten

O, der Wahnsinn der großen Stadt, da am Abend
An schwarzer Mauer verkrüppelte Bäume starren,
Aus silberner Maske der Geist des Bösen schaut;
Licht mit magnetischer Geißel die steinerne Nacht verdrängt.
O, das versunkene Läuten der Abendglocken.

Hure, die in eisigen Schauern ein totes Kindlein gebärt.
Rasend peitscht Gottes Zorn die Stirne des Besessenen,
Purpurne Seuche, Hunger, der grüne Augen zerbricht.
O, das gräßliche Lachen des Golds.

Aber stille blutet in dunkler Höhle stummere Menschheit,
Fügt aus harten Metallen das erlösende Haupt.

(Aus: Trakl, Georg: Das dichterische Werk. München 1972, dtv 6001, 69)

Mat. 15 GEORG HEYM: Printemps

Ein Feldweg, der in weißen Bäumen träumt,
In Kirschenblüten, zieht fern über Feld.
Die hellen Zweige, feierlich erhellt,
Zittern im Abend, wo die Wolke säumt.

Ein düstrer Berg, den Tag mit goldnem Grat,
Ganz hinten, wo ein kleiner Kirchturm blinkt.
Des Glöckchen sanft im lichten Winde klingt
Herüber goldnen Tons auf grüner Saat.

Ein Ackerer geht groß am Himmelsrand.
Davor, wie Riesen schwarz, der Stiere Paar,
Ein Dämon vor des Himmels tiefer Glut.

Und eine Mühle faßt der Sonne Haar
Und wirbelt ihren Kopf von Hand zu Hand
Auf schwarze Au, der langsam sinkt, voll Blut.

(Aus: Heym, Georg: Gedichte und Prosa. Hrsg. v. Hans Rauschning. Frankfurt: Fischer 1962, TB 488, 61)

Mat. 16 Georg Heym: Κατά

Ein roter Donner. Und die Sonne tost,
Ein Purpurdrachen. Sein gezackter Schwanz
Peitscht hoch herauf der weiten Himmel Glanz,
Der Eichen Horizont, drin Flamme glost.

Der großen Babel weiße Marmorwand,
Und riesiger Pagoden goldnen Stein
Zerschmettert fast der ungeheure Schein,
Mit lauten Beilen eine Feuerhand.

Musik, Musik. Ein göttlicher Choral.
Das offne Maul der Sonne stimmt ihn an,
Das Echo dröhnt vom weiten Himmelssaal.

Und ruft hervor der dunklen Nacht Tyrann,
Den Mond, Tetrarchen, der im Wolkental
Schon seltsam lenkt das fahle Viergespann.

(Aus: Heym, Georg: Gedichte. Ausgewählt von K. L. Schneider und G. Martens. München: Nymphenburger Verlagshandlung 1971, 75)

Mat. 17 Georg Trakl: Winterdämmerung

An Max von Esterle

Schwarze Himmel von Metall.
Kreuz in roten Stürmen wehen
Abends hungertolle Krähen
Über Parken gram und fahl.

Im Gewölk erfriert ein Strahl;
Und vor Satans Flüchen drehen
Jene sich im Kreis und gehen
Nieder siebenfach an Zahl.

In Verfaultem süß und schal
Lautlos ihre Schnäbel mähen.
Häuser dräu'n aus stummen Nähen;
Helle im Theatersaal.

Kirchen, Brücken und Spital
Grauenvoll im Zwielicht stehen.
Blutbefleckte Linnen blähen
Segel sich auf dem Kanal.

(Aus: Trakl, Georg: Das dichterische Werk. München 1972, dtv 6001, 14)

Anhang

Anmerkungen

[1] Heym, Georg: Dichtungen und Schriften. Gesamtausgabe, Bd. 3. Hrsg. v. Karl Ludwig Schneider. Hamburg, München 1960ff., 205

[2] Frenzel, H. E. u. E.: Daten deutscher Dichtung. Köln-Berlin: Kiepenheuer und Witsch 1953, 2. verm. Aufl. 1959, 371.

[3] Hoffmann u. Rösch: Grundlagen, Stile, Gestalten der deutschen Literatur. Frankfurt: Hirschgraben 1979, 8. Aufl., 312

[4] Zmegač, V.: Kleine Geschichte der deutschen Literatur. Stuttgart: Athenäum 1984, 2. Aufl., 316

[5] Beutin, W., u.a.: Deutsche Literaturgeschichte. Stuttgart: Metzler 1984, 2. überarb. u. erw. Auflage, 315

[6] Pinthus, K. [Hrsg.]: Menschheitsdämmerung. Ein Dokument des Expressionismus. (Berlin: Rowohlt 1920) Hamburg: Rowohlt 1959, rororo, 33/34

[7] Benn, G. [Hrsg.]: Lyrik des expressionistischen Jahrzehnts. München: Deutscher Taschenbuch Verlag 1962, dtv s 34, 14/15

[8] Killy, W. [Hrsg.]: Die deutsche Literatur, VII. München 1967, 550

[9] Bartels, A.: Geschichte der deutschen Literatur. Braunschweig 1919/1920. 10. Aufl., 25. Ts., 660

[10] Ders., a.a.O., 650

[11] Ders., a.a.O., 650

[12] So enthält z.B. ein für die fünfziger Jahre repräsentativer Oberstufen-Gedichtband wie *Der Strom* (Düsseldorf 1950) unter 360 Gedichten „vom Barock bis heute" außer sieben wenig epochentypischen Gedichten von Stadler, Werfel und Trakl keinerlei expressionistische Lyrik. (Zum Vergleich: Goethe: 66 Gedichte, Morgenstern: 9 Gedichte, M. Hausmann: 6 Gedichte, Weinheber: 5 Gedichte)

[13] V. Zmegač rechnet *Aufbruch der Jugend* „zu den überaus kennzeichnenden Hervorbringungen der Zeit" (Geschichte der deutschen Literatur, Bd. II. Königstein: Athenäum 1980, 439)

[14] Hofmannsthal, Hugo v.: Gedichte und kleine Dramen. Frankfurt 1966, Bibliothek Suhrkamp 174, 22

[15] Ders.: Ballade des äußeren Lebens. a.a.O., 15

[16] Ders.: Terzinen über Vergänglichkeit I. a.a.O., 20

[17] Vgl. Schneider, K. L.: Zerbrochene Formen. Wort und Bild im Expressionismus. Hamburg: Hoffmann u. Campe 1967, 168/169

[18] Vgl. ebd. 165

[19] Zum Motiv des Meeres – auch in anderen Gedichten Stadlers – vgl. Schneider, K. L.: Zerbrochene Formen. a.a.O., 160/161

[20] Da es sich in diesem Kontext um den inneren Zustand des männlichen Geschlechtswesens handelt, bevor sich „Männerbraun auf Frauenbraun stürzt", gibt „Enthaltungen" Sinn, zumal wenn man die beiden umgebenden Verben „macht uns wirr" und „lechzt in uns" dazu in assoziative Beziehung setzt.
Horst Enders kommentiert in seiner – im Stile Benns verfaßten – Interpretation ohne Kenntnis der Erstfassung: „Entfaltungen – nicht geprägte Form, die lebend usw., beileibe nicht. Öffnung, Losbindung, Rückgang in die Vitalsphäre." (In: Hartung, Harald [Hrsg.]: Gedichte und Interpretationen. Vom Naturalismus bis zur

Jahrhundertmitte. Stuttgart: Reclam 1983, Nr. 7894 (5), 161.) Mich überzeugt diese Assoziationskette nicht, da sie den Kontext nicht berücksichtigt.

[21] Zum Motiv des Meeres als Symbol der Ich-Entgrenzung vgl. Liewerscheidt, D.: a.a.O., 28

[22] Nach Jürgen Wallmann (Hommage für Else Lasker-Schüler. In: Else Lasker-Schüler. Hrsg. v. Michael Schmid. Wuppertal: Hammer 1969, 195–205) handelte es sich um eine zwar kurze, aber tiefgehende Liebesbeziehung. S. Bauschinger (Else Lasker-Schüler. Ihr Werk und ihre Zeit. Heidelberg: Stiehm 1980) bezieht die „Verliebtheit" der E. Lasker-Schüler nur auf Benns Kunst. Dies erscheint mir eine vom Tenor des Gedichtzyklus *Dr. Benn* her wenig plausible Sicht.

[23] So wie E. Lasker-Schüler ihr Erleben in Gedichte umsetzte, dichtete sie immer wieder ihr Leben um. Wieweit sie sich dieser romantischen Vermengung überhaupt bewußt war, bleibt unklar. Vgl. Klüsener, E.: Else Lasker-Schüler. Reinbek b. Hamburg: Rowohlt 1980, rm 283, 58

[24] Vgl. dazu Bolli, E.: Georg Trakls „dunkler Wohllaut". Zürich: Artemis 1978: „Da der Dichter die inzestuöse Vereinigung von Bruder- und Schwestergestalt gelegentlich als Spiegelung des Bruders in der Schwester imaginiert, wird die motivische Verwandtschaft von ‚Weiher' und ‚Schwester' für uns einsichtig" (186).

[25] Georg Heym, Gedichte und Prosa. Hrsg. v. Hans Rauschning. Frankfurt: Fischer 1962, TB 488, 7

[26] Ebd., 9

[27] Ebd., 17

[28] Ebd., 17

[29] Ebd., 18

[30] Die genetische Entwicklung des Stadtmotivs bei Heym hat vor allem Schneider transparent gemacht. Vgl. vor allem Schneider, K. L.: Zerbrochene Formen. a.a.O., 114–116 u. 125–126

[31] Vgl. Schneider, K. L.: Zerbrochene Formen. a.a.O., 114

[32] Ebd., 115

[33] R. Grimm (Georg Trakls Verhältnis zu Rimbaud. In: Grimm, Reinhold [Hrsg.]: Zur Lyrik-Diskussion. Darmstadt: Wissenschaftliche Buchgesellschaft 1966) zieht gerade aus *Unterwegs* und aus dem unten behandelten Gedicht *De profundis* Belegstellen heran, die die Beeinflussung Trakls durch Rimbaud, d.h. in erster Linie durch die Rimbaud-Übersetzung von K. L. Ammer (Pseudonym des k.u.k. Leutnants Klammer) aus dem Jahre 1907 beweisen sollen. Dazu einige Bemerkungen: Daß Trakl diese Übersetzung gelesen hat und so beeindruckt war, daß er Motive, Wörter, unübliche Wortverbindungen und vereinzelt Bauformen übernommen hat, steht fest. Allerdings betont Grimm einseitig die Gemeinsamkeiten, ohne hinreichend zu zeigen, wie Trakl literarische Elemente zum Ausdruck eigenen inneren Erlebens umformt. Grimm sieht Trakl in erster Linie als Sprachexperimentator und ignoriert den bei Trakl so ungemein engen Zusammenhang von Existenz und Dichtung. Eine detaillierte Auseinandersetzung mit Grimm ist in diesem Rahmen nicht möglich. Es sei nur auf ein Beispiel aufmerksam gemacht: Für den Entwicklungssprung der Traklschen Lyrik im Jahre 1912 sieht Grimm nur eine Erklärung: Trakls Rimbaud-Aneignung, von der allerdings keineswegs feststeht, daß sie erst 1912 erfolgte. Die Wandlung der Motivik, die mit den sprachlichen Entwicklungen verbunden ist, wird von Grimm nicht beachtet. Dabei ist augenfällig, daß sie mit der veränderten Beziehung zur Schwester zusammenhängt

(vgl. o.). Immerhin könnte man auch diese innere Entwicklung als Erklärungsfaktor für sprachliche und strukturelle Veränderungen heranziehen.

[34] Wenn es zutrifft, daß „Brücken von Kristall" auf die Ammersche Übersetzung („... Graue Himmel von Kristall. Bizarr zeichnen sich Brücken ab") zurückgeht, wie Grimm a.a.O., 288, behauptet, so ist bemerkenswert, daß diese Wendung in der Zweitfassung gestrichen worden ist. Das gleiche geschieht in der Zweitfassung mit „Stahltürme" und „Rubinstaub", zwei Wörter, die Grimm ebenfalls aus der Rimbaud-Übersetzung herleitet (a.a.O., 287, 294). Sollten sich ähnliche Beobachtungen beim Vergleich weiterer Mehrfachfassungen ergeben, so könnte man daraus ableiten, daß die Sprache Ammers Trakl lediglich als eine Art poetischer Entwicklungshilfe gedient hat.

[35] Zum Motiv des Abends bei Heym vgl. Schneider, K. L.: Zerbrochene Formen. a.a.O., 94–95

[36] Vgl. Grimm, a.a.O.: „Am bekanntesten dürfte Rimbauds Reihung ‚Il y a ...' sein, die Klammer folgendermaßen wiedergibt: Es ist eine Uhr ... Es ist ein Schneeloch ... Es ist eine Kathedrale (222). Trakl macht zweimal von diesem Stilmittel Gebrauch" (a.a.O., 296). In der Tat ist hier die Fremdanregung unverkennbar.

[37] Merkwürdigerweise gehen weder Killy (in: Killy, Walther: Wandlungen des lyrischen Bildes. Göttingen: Vandenhoeck & Ruprecht 1956, 127) noch M. Kux (De profundis. In: Hartung, Harald [Hrsg.]: Gedichte und Interpretationen. Vom Naturalismus bis zur Jahrhundertmitte, Bd. 2. Stuttgart: Reclam 1983, 168/169) auf den meines Erachtens sinnerhellenden Aspekt der Waise als Schwester-Figuration auch nur als Möglichkeit ein.

[38] Auch in dem Gedicht *Passion* wird „Schwester" mit „Braut" gleichgesetzt. Vgl. dazu Killy, W.: Über Trakls „Passion". In: Deutsche Lyrik von Weckherlin bis Benn. Interpretationen I. Frankfurt: Fischer 1965, TB 695, 295

[39] Vgl. dazu Killy: ebd., 298

[40] Vgl. Kux, M.: a.a.O., 171

[41] Heinrich Goldmann hat in seiner tiefenpsychologischen Studie: Katabasis (Salzburg: Müller 1957) zuerst dem „Ich" ein tiefenpsychologisches Motiv – Lustmordphantasien – als Erklärung für den Tod der „Waise" zugeschrieben (63). Esselborn (Die Krise der Erlebnislyrik. Köln: Böhlau 1981, 123) greift den „Lustmord" zumindest im metaphorischen Sinne auf (an anderer Stelle spricht er von „Vergewaltigung", 123). Kux schließt sich dem im vorsichtigen Potentialis an (a.a.O., 170). Als Alternativerklärung bemüht er die christliche „Vorstellung der Erbsünde". Beide Deutungen treffen meines Erachtens nicht den Kern der Sache.

Literaturverzeichnis

(Das Literaturverzeichnis bietet nur eine begrenzte Anzahl von wichtigen und relativ leicht zugänglichen Veröffentlichungen.)

Werkausgaben

1. Zitierte Ausgaben

Die oben interpretierten Gedichte sind nur zum Teil in einer bestimmten Anthologie (Reclam, s. u.) versammelt zu finden. Daher kann keine der momentan gängigen Anthologien als Textbasis vorausgesetzt werden. Wenn nicht anders vermerkt, werden die Gedichte nach folgenden Ausgaben zitiert:

Benn, Gottfried: Gedichte (in der Fassung der Erstdrucke). Hrsg. v. Bruno Hillebrand. Frankfurt: Fischer 1982, TB 5231

Heym, Georg: Gedichte und Prosa. Hrsg. v. Hans Rauschning. Frankfurt: Fischer 1962, TB 488

Lasker-Schüler, Else: Gedichte 1902–1943. Hrsg. v. Friedhelm Kemp. München: Deutscher Taschenbuch Verlag 1986, dtv 1480

Lotz, Ernst Wilhelm, und Ernst Stadler: Gedichte des Expressionismus. Hrsg. v. Dietrich Bode. Stuttgart: Reclam 1981, Nr. 8276

Trakl, Georg: Das dichterische Werk. Auf Grund der historisch-kritischen Ausgabe v. Walther Killy u. Hans Szklenar. München: Deutscher Taschenbuch Verlag 1972, dtv 6001

2. Anthologien

Pinthus, Kurth [Hrsg.]: Menschheitsdämmerung. Ein Dokument des Expressionismus. (Berlin: Rowohlt 1920) Hamburg: Rowohlt 1959, rororo (Gedichtauswahl und Anordnung identisch mit Erstausgabe von 1920)

Gedichte des Expressionismus. Hrsg. v. Dietrich Bode. Stuttgart: Reclam 1981, Nr. 8276

3. Gesamtausgaben, Gesammelte Werke

Benn, Gottfried: Gesammelte Werke in 8 Bänden. Hrsg. v. Dieter Wellershoff. München: Deutscher Taschenbuch Verlag 1975, dtv 6045–6052

Heym, Georg: Dichtungen und Schriften. Gesamtausgabe. Hrsg. v. Karl Ludwig Schneider. Hamburg, München 1960 ff. (von 6 Bänden bisher erschienen: 1, 2, 3, 6)

Lasker-Schüler, Else: Gesammelte Werke, 3 Bände. Hrsg. v. Friedhelm Kemp. München: Kösel 1984, 3 Aufl.

Lotz, Ernst Wilhelm: Wolkenüberflaggt. Gedichte. Hrsg. v. Henny Lotz, Leipzig: Wolff 1917

Stadler, Ernst: Dichtungen, 2 Bände. Hrsg. v. Karl Ludwig Schneider. Hamburg 1954

Trakl, Georg: Dichtungen und Briefe, 2 Bände. Hrsg. v. Walther Killy u. Hans Szklenar. Salzburg: Müller 1969

Sekundärliteratur

1. Allgemeines

Friedrich, Hugo: Die Struktur der modernen Lyrik. Hamburg: Rowohlt 1956, rororo 25

Habersetzer, Karl-Heinz: Deutsche Schriftsteller im Porträt. 6: Expressionismus und Weimarer Zeit. München: Beck 1984.

Heselhaus, Clemens: Deutsche Lyrik der Moderne. Von Nietzsche bis Yvan Goll. Düsseldorf: Bagel 1961

Hocke, Gustav René: Manierismus in der Literatur. Hamburg: Rowohlt o.J., rororo 82/83

Knörrich, Otto: Lyrische Texte. München: Oldenbourg 1985

Raabe, Paul [Hrsg.]: Expressionismus. Der Kampf um eine literarische Bewegung. München: Deutscher Taschenbuch Verlag 1965

Rothe, Wolfgang [Hrsg.]: Der Aktivismus 1915–1920. München: Deutscher Taschenbuch Verlag 1969, dtv 625

– [Hrsg.]: Expressionismus als Literatur. Gesammelte Studien. Bern: Francke 1969

Schneider, Karl Ludwig: Zerbrochene Formen. Wort und Bild im Expressionismus. Hamburg: Hoffmann u. Campe 1967

Sokel, Walter H.: Der literarische Expressionismus. München: Langen/Müller 1960

Steffen, Hans [Hrsg.]: Der deutsche Expressionismus. Formen und Gestalten. Göttingen: Vandenhoeck & Ruprecht 1965, KVR 208

Weber, Albrecht u.a.: Interpretationen expressionistischer Lyrik. Die Menschheitsdämmerung. München: Oldenbourg 1971, 3. Aufl. 1979

2. Zu den einzelnen Dichtern

Zu Gottfried Benn:

Balser, Hansdieter: Das Problem des Nihilismus im Werk Gottfried Benns. Bonn: Bouvier 1965

Brode, Hanspeter: Benn-Chronik. Daten zu Leben und Werk. München: Hanser 1978, Reihe Hanser 271

Enders, Horst: Gottfried Benns „D-Zug“. In: Hartung, Harald [Hrsg.]: Gedichte und Interpretationen. Vom Naturalismus bis zur Jahrhundertmitte. Stuttgart: Reclam 1983, Nr. 7894 (5), 158–165

Eykman, Christoph: Die Funktion des Häßlichen in der Lyrik Georg Heyms, Georg Trakls und Gottfried Benns. Bonn: Bouvier 1965

Große, Ernst Ulrich: Strukturelle Semantik im Deutschunterricht. Mit einem Analysebeispiel. Gottfried Benns „Orphische Zellen“. In: Deutschunterricht 27 (1975), 6, 533–558

Lennig, Walter: Gottfried Benn. Reinbek b. Hamburg: Rowohlt 1962, rm 71

Peitz, Wolfgang [Hrsg.]: Denken in Widersprüchen. Korrelarien zur Gottfried-Benn-Forschung. Freiburg: Becksmann 1972

Zu Georg Heym:

Eykman, Christoph: Die Funktion des Häßlichen in der Lyrik Georg Heyms, Georg Trakls und Gottfried Benns. Bonn: Bouvier 1965

Korte, Hermann: Der Krieg in der Lyrik des Expressionismus. Bonn: Bouvier 1981
–: Georg Heym. Stuttgart: Metzler 1982
Röckling, Irmgard: Das Problem des Mythischen in der Dichtung Georg Heyms. Bern, Frankfurt: Lang 1975
Rölleke, Heinz: Die Stadt bei Stadler, Heym und Trakl. Phil. Studien und Quellen 34. Berlin: Schmidt 1966
Schneider, Karl Ludwig: „... Barrikaden. Welch ein Wort". Zum Revolutionsmotiv bei Georg Heym. In: Schneider, Karl Ludwig: Zerbrochene Formen. Wort und Bild im Expressionismus. Hamburg: Hoffmann u. Campe 1967, 63–85
–: Das Bild der Landschaft bei Georg Heym und Georg Trakl. In: Schneider, Karl Ludwig: Zerbrochene Formen. a.a.O., 89–108
–: Georg Heyms Gedicht „Der Gott der Stadt" und die Metaphorik der Großstadtdichtung. In: Schneider, Karl Ludwig: Zerbrochene Formen. a.a.O., 111–133
Stegmaier, Edmund: Kreis und Vertikale als strukturtragende Elemente in der Dichtung Georg Heyms. In: DVJ 47 (1973), 456–466

Zu Else Lasker-Schüler:
Bänsch, Dieter: Else Lasker-Schüler. Zur Kritik eines etablierten Bildes. Stuttgart: Metzler 1971
Bauschinger, Sigrid: Else Lasker-Schüler. Ihr Werk und ihre Zeit. Heidelberg: Stiehm 1980
Dürrson, Werner: Der Seltsamsaft. Zu Else Lasker-Schülers Einfluß auf Gottfried Benns Lyrik. In: Peitz, W. [Hrsg.]: Denken in Widersprüchen. Korrelarien zur Gottfried-Benn-Forschung. Freiburg: Becksmann 1972, 184–205
Klüsener, Erika: Else Lasker-Schüler. Reinbek b. Hamburg: Rowohlt 1980, rm 283
Weber, Albrecht: Else Lasker-Schüler. Zwei Gedichte. In: Weber, Albrecht u.a.: Interpretationen expressionistischer Lyrik. Die Menschheitsdämmerung. München: Oldenbourg 1971, 9–35
Weidmann, Brigitte: Else Lasker-Schülers Giselheer-Gedichte. In: Deutschunterricht 25 (1965), 6, 628–629

Zu Georg Trakl:
Basil, Otto: Georg Trakl. Reinbek b. Hamburg: Rowohlt 1968, rm 106
Blaß, Regine: Die Dichtung Georg Trakls. Von der Trivialsprache zum Kunstwerk. Phil. Studien und Quellen 43. Berlin: Schmidt 1968
Bolli, Erich: Georg Trakls „dunkler Wohllaut". Zürich: Artemis 1978
Denuehr, Iris: Georg Trakls Konstruktion und Expression. Trakl-Studien XIII. Salzburg: Müller 1984
Esselborn, Hans: Die Krise der Erlebnislyrik. Kölner Germ. Studien 15. Köln: Böhlau 1981
Grimm, Reinhold: Georg Trakls Verhältnis zu Rimbaud. In: Grimm, Reinhold [Hrsg.]: Zur Lyrik-Diskussion. Darmstadt: Wissenschaftliche Buchgesellschaft 1966, 271–313
Kemper, Hans Georg: Georg Trakls Entwürfe. Tübingen: Niemeyer 1970
Killy, Walther: Über Trakls „Passion". In: Deutsche Lyrik von Weckherlin bis Benn. Interpretationen I. Frankfurt: Fischer 1965, TB 695, 291–307

Kux, Manfred: De Profundis. In: Hartung, Harald [Hrsg.]: Gedichte und Interpretationen. Vom Naturalismus bis zur Jahrhundertmitte. Stuttgart: Reclam 1983, Nr. 7894 (5), 166–174
Sauermann, Eberhard: Zur Datierung und Interpretation von Georg Trakls Texten. Innsbrucker Beiträge Germ. Reihe 23. Innsbruck 1984
Schneider, Karl Ludwig: Das Bild der Landschaft bei Georg Heym und Georg Trakl. In: Schneider, Karl Ludwig: Zerbrochene Formen. a.a.O., 87–108
Wetzel, Heinz: Konkordanz zu den Dichtungen Georg Trakls. Trakl-Studien VII. Salzburg: Müller 1971

Wichtige Veröffentlichungen

Else Lasker-Schüler

Prosa
1906 *Das Peter Hille-Buch*
1912 *Mein Herz.* Roman
1914 *Prinz von Theben.* Erzählungen
1919 *Der Malik.* Erzählung
Lyrik
1902 *Styx.* Gedichtsammlung
1905 *Der siebente Tag*
1911 *Meine Wunder*
1913 *Hebräische Balladen*
1917 *Die gesammelten Gedichte*
Dramen
1909 *Die Wupper*
1932 *Arthur Aronymus und seine Väter.* Schauspiel

Ernst Stadler

1905 *Präludien.* Gedichte
1910 *Wielands Shakespeare.* Abhandlung
1913 *Der Mistral.* Eine lyrische Anthologie
1914 *Der Aufbruch.* Gedichte

Gottfried Benn

Lyrik
1912 *Morgue.* Gedichte
1914 *Söhne.* Gedichte
1917 *Fleisch.* Gedichte
1924 *Schutt*
1925 *Spaltung*
Betäubung

1927 *Gesammelte Gedichte*
1949 *Trunkene Flut*
1953 *Destillationen*
1955 *Aprèslude*
1956 *Gesammelte Gedichte 1912–56*

Prosa
1916 *Gehirne.* Novellen
1949 *Der Ptolemäer.* Erzählung
1949 *Drei alte Männer.* Gespräche
1950 *Doppelleben.* Autobiographie

Essays
1919 *Das moderne Ich.* Essays
1932 *Nach dem Nihilismus.* Essays
1951 *Probleme der Lyrik.* Vortrag

GEORG TRAKL

Gedichte
1913 *Gedichte*
1915 *Sebastian im Traum*
1920 *Der Herbst der Einsamen*
1933 *Gesang der Abgeschiedenen*
1939 *Aus goldenem Kelch*
1947 *Offenbarung und Untergang.* Prosadichtungen

GEORG HEYM

Gedichte
1911 *Der ewige Tag.* Gedichte
1912 *Umbra vitae.* Nachgelassene Gedichte
1913 *Der Dieb.* Prosagedichte

Zeittafel zur expressionistischen Lyrik

Else Lasker-Schüler	Ernst Stadler	Gottfried Benn	Georg Trakl	Georg Heym	Vergleichsdaten
1869 geboren in Elberfeld als Tochter eines Bankiers und Architekten 1894 erste Ehe mit dem Arzt B. Lasker 1903 Ehe mit G. Levin (= Herwarth Walden) ab 1910 Mitarbeit am „Sturm“ 1912 Trennung von H. Walden Begegnung mit Benn 1932 Kleist-Preis 1933 Schreibverbot, Emigration in die Schweiz ab 1937 in Jerusalem 1945 in Jerusalem gestorben	1883 geboren in Kolmar (Elsaß) 1902 gründete zusammen mit Réné Schickele die Zeitschrift „Der Stürmer“ 1906 Dr. phil. mit Diss. über Wolframs *Parzifal,* dann Dozent für deutsche Sprache und Literatur in Straßburg 1912 Prof. für Germanistik in Brüssel 1914 gefallen in Ypern	1886 geboren in Mansfeld als Sohn eines evangelischen Pfarrers Studium der Medizin 1912 Dr. med. Begegnung mit Else Lasker-Schüler 1917–1935 in Berlin als Facharzt für Haut- und Geschlechtskrankheiten tätig 1933 Sympathisant der NS-Bewegung 1934 Abkehr vom Nationalsozialismus 1938 Schreibverbot 1951 Büchner-Preis 1956 gestorben in Berlin	1887 geboren in Salzburg als Sohn eines Eisenwarenhändlers 1891 Schwester Margarethe geb. Studium der Pharmazie in Wien 1905 Beginn der Drogenabhängigkeit ab 1909 verstärkte Lyrikproduktion 1910 Pharmazeut. Abschlußexamen in Wien 1912 Grete heiratet, Trennung Bekanntschaft mit v. Ficker, Veröffentlichungen im „Brenner“ 1912/1913 Militärapotheker Mehrere Anstellungen umgehend abgebrochen 1914 als Sanitäter an die Ostfront Selbstmord durch Kokain 1917 Schwester Grete erschießt sich	1887 geboren in Hirschberg (Schlesien) ab 1900 Jura-Studium in Berlin 1910 Mitglied im „Neuen Club“ 1911 Juristisches Staatsexamen 1912 beim Eislauf auf der Havel ertrunken	1880 Franz Marc geboren 1883 Franz Kafka geboren 1886 Oskar Kokoschka geboren 1887 August Macke geboren 1900 Arthur Schnitzler: *Der Reigen* Stefan George: *Der Teppich des Lebens* 1901 J. Hervé: *expressionisme* 1905 Thomas Mann: *Tonio Kröger* Gründung der „Brücke“, Dresden 1907 Rainer Maria Rilke: *Neue Gedichte* 1909 Gründung des „Neuen Clubs“, Berlin 1910 Herwarth Walden: *Der Sturm* 1911 Franz Pfemfert: *Die Aktion* 1912 „Der Blaue Reiter“, Müchen 1913 Franz Kafka: *Das Urteil* Thomas Mann: *Der Tod in Venedig* 1914 Hermann Bahr: *Der Expressionismus* 1914 gefallen: Ernst Wilhelm Lotz, Alfred Lichtenstein, August Macke 1915 gefallen: August Stramm 1916 gefallen: Franz Marc

Das Komplett-Paket
zum Interpretieren von Texten –
bestens geeignet fürs Zentralabitur!
Oldenbourg
Interpretationen
Textinterpretation und
Unterrichtsanregungen für Lehrer
Oldenbourg
Textnavigator für Schüler
Inhaltsangabe, Analyse des Textes
und Abiturvorbereitung
Oldenbourg
Textausgabe
Der kommentierte Originaltext
mit Materialien für Lehrer und Schüler
Oldenbourg
Unterrichtsmaterial Literatur
Kopiervorlagen und Unterrichtsmodule
für Lehrer
Oldenbourg
Unterrichtsmaterial Li
Friedrich Schiller
Die Räuber
Kopiervorlagen und Module
für Unterrichtssequenzen
Oldenbourg
Oldenbourg
Interpretationen
Friedrich Schiller
Die Räuber
Friedrich Schiller
Die Räuber
Friedrich Schiller
Die Räuber
Oldenbourg
Die einzelnen Bände der Reihen
sind unabhängig voneinander
im Unterricht verwendbar.
Klasse!
Oldenbourg bsv
Besuchen Sie uns unter www.oldenbourg-bsv.de